DAIGAKUSYORIN BÜCHEREI

AUSGEWÄHLTE GEDICHTE
VON
CONRAD FERDINAND
MEYER

Übersetzt und erläutert

von

Atsushi Niizuma

VERLAG VON DAIGAKUSYORIN

キルヒベルクの教会墓地にあるC・F・マイヤーの墓
(中央のオベリスク)

まえがき

コンラート・フェルディナント・マイヤー
(Conrad Ferdinand Meyer) について

1. 生涯と作品

C. F. マイヤー (1825–1898) はスイスのドイツ語地方のチューリヒの出身で，従来，ドイツ文学の領域内で，素人には容易に理解し難い高度の形式的完成を誇る抒情詩人として，また，専ら歴史の中に素材を求め，生々しいほどにリアルな視覚的・彫塑的描写によって，特異な人物や場面を創造した歴史小説家として知られているが，どちらかと言えば，ドイツ 19 世紀中葉のリアリズム作家の中の一人として取扱われてきたように思われる。わが国では，マイヤーは一般にその存在と作品はあまりよく知られず，僅かな人々の間で，形式的完成度の高い珠玉の詩作品を書いた芸術派の抒情詩人として，知られてきたようである。しかし最近になって，従来評価されてきた彼の歴史小説に代って，彼の詩作品に注目が寄せられるようになってきた。彼の小説よりも詩の方に，彼の本質と永続的な価値があると考えられ，彼をリアリズム作家とする見方に代って，マイヤーは，ドイツ近代抒情詩の時代を切り開いた詩人，ゲオルゲ，ホーフマンスタール，リルケ等の詩人系列の先駆者，ドイツ象徴詩の開拓者として，当時における彼の詩の特殊な意味とその近代性が主張されるようになってきたのである。

まえがき

　たしかに，マイヤーの文学は，視覚的次元に統一された
リアルな描写という面からは，リアリズムの領域に属する
ものと言えるかも知れないが，しかし彼をとりまく現実そ
のものは，彼にとって恐怖と嫌悪の対象でしかなかった。
彼にとって長い間「現実」という言葉ほど嫌な恐ろしいも
のはなかった。19世紀の資本主義の隆盛も，革命も反動も，
マイヤーには何の意味も持たなかったように見える。マイ
ヤーの同郷人で6才年長のゴットフリート・ケラーは，
1840年代の革命的雰囲気の中で自己を模索し，当時反動ド
イツとオーストリアからデモクラシーのスイスの町チュー
リヒに亡命して来た革命詩人や思想家たちの仲間に投じて，
詩人として出発する。しかし，同じ町に住むマイヤーは，
このような活気に満ちた現実と何のかゝわりも持たなかっ
た。

　このように現実とかゝわりを持たない，いわば風変りな
詩人を，単にリアリストと呼ぶことに，われわれはやはり
ためらいを感じなければならない。つまり，当時の圧倒的
な現実主義的傾向の中にもこのような詩人が居て，自己の
立場を主張し，現代にまで連なる一つの系列を当時におい
て代表していることを，われわれは見落してはならないと
思う。マイヤーの人間と芸術は，これを一応リアリズムの
視点から切り離して，むしろ彼の純粋に内面的な願望の反
映・形成の問題としてとらえ，その特殊な意味を探索すべ
きであろう。

　次にマイヤーの生涯を詩人としての発展に則して三つの
時期に分け，概観してみよう。

a)　1825年—1856年（出生から31才まで。無能な若き

— ii —

まえがき

日の苦しみ)

　マイヤー家は，牧師，大資産家，将軍，地方長官，市会議員等を出したチューリヒの名家で，彼の父親はイタリア文化と古代ギリシャ・ローマ芸術に造詣の深い，教養ある学者肌の人物で，チューリヒ州政府の高官であったが，生来の身体的虚弱に加えての激職のために若くして他界した。母親はスイスのフランス語地方の出身で，同情心の深い教養ある婦人であったが，生来健康に恵まれず，また特に過敏で繊細な神経に苦しんだ。

　詩人はこのような文化的都会人の末裔として生れ，幼少から身体虚弱の上，内向的で孤独を好み，母親に似て神経過敏な性格であった。　15 才の時に父親を失ってから彼の精神生活は非常な危機に陥る。母親は息子に対する愛情も義務感も充分に持っていたが，夫の死によって支えを失い，経済能力も教育能力もなく，彼女の愛と期待は神経質な息子にとって苦痛となって彼を傷つけ，息子の精神的発達に最も重要な時期に，母と子の間に大きな溝が生じてしまったのである。

　1843 年，途方にくれた母親は，息子をローザンヌの夫の旧友たちのもとへ送る。こゝで彼はフランス文学と，当時はやりのジャン・パウル，ノヴァーリス，ティーク等ドイツ・ロマン派の文学を耽読し，イタリア語を学び，自由な環境の中で詩作に向う。翌年不満ながらチューリヒに戻って高等学校卒業試験を終え，母親や周囲の人々の意向に従ってチューリヒ大学で法律を学び始める。しかし間もなく学業に背を向け，ある画家について絵を描き始めるが，絵画と文学の間に迷い進歩しない。この頃ケラーはようや

— iii —

まえがき

く詩人として出発する。マイヤーは当時祖国を揺り動かした分離派戦争 (1845-47) にも全く無関心で，夢想と詩作，自問と孤独の生活の中で，無計画にドイツ・ロマン派やシェイクスピア，グラッベ，フライリヒラート，レーナウ，またフランス文学等を耽読し，特にノヴァーリス，ティークを充分に知った。

商業都市チューリヒは実用性を重んじる傾向が強く，そこでは地位と職業が人間を測る尺度となる。そのため無為の日を過すマイヤーは，恥かしさ，辛さ，恐れから人に会うのを避け，ますます現実から遠ざかり，日中は室内に閉じこもって詩作と読書に時を過ごし，夜になってから散歩したり，チューリヒ湖に漕ぎ出て空想に耽ったり，夜の湖を泳いで家人を心配させたり，といった生活をつゞける。そして母親から市民的職業に就くように催促され，町の人々から役立たずの怠け者と陰口され，彼の憂うつ状態が昂じていく。またこの頃彼は当時精神界に強い影響を及ぼした美学者 F. Th. フィッシャーの「すべての芸術の源泉は彫塑的世界観である」という反ロマン主義の主張を読んで打たれ，その健康なリアリズムの前に彼のロマンチックな世界観は崩壊し，同時に自分の才能に対する迷いも深くなる。これらすべてのことから彼は自殺の意図を抱くようになり，しばしばポケットに石をつめて夜の湖上に漕ぎ出す。遂に彼は身心共に疲れ果て，ヌシャテル州プレファルジエの精神病院に入ることに自ら同意する (1852年6月, 27才)。

この病院で彼は健康を回復し，翌年1月に退院，間もなくローザンヌに行き，父の旧友，歴史家ルイ・ヴュリマンの許に出入りする。こゝでヴュリマンの斡旋によって，フ

まえがき

ランス史学者オギュスタン・ティエリの著書「メロヴィン
ガ王朝時代の物語」のドイツ語への翻訳に取りかゝる。こ
の翻訳は 1855 年，ケラーが「緑のハインリヒ」を完成し
た年に出版された。マイヤーはこの時期に，ヴュリマンと
の交際とこの翻訳の仕事を通して，宗教と歴史に強い関心
を抱き，一方パスカルやサン・シモンを読んだことも手伝
って，フランス語とフランス精神から大きな影響をうける。

　しかし依然として職業に就く気持は湧かず，母親との隔
たりはますます大きくなる。この頃の約4年間，彼は翻訳
の仕事によって刺戟と鼓舞を与えられ，どうにか生活を切
り抜ける。

　1856 年，2つの死が詩人の発展に決定的な影響を与える。
マイヤー家に住んでいた知人のマレット老人が，この年，
詩人とその妹に多額の遺産の贈与を遺言して死んだことか
ら，彼は経済的独立を得る。また，詩人がかつて入ったこ
とのある同じ精神病院に少し前から入っていた母親が，湖
水に身を投じて自殺した。これは彼にとって勿論衝撃的な
悲劇であったが，皮肉なことに，同時に耐え難いものとな
っていた精神的圧迫からの解放でもあった。こうして彼は，
31 才にしてようやく経済的にも精神的にも独立と自由を
得るのである。

b)　1857 年—1864 年 (32 才から 39 才まで。処女詩集出
版までの孤独な文学修業)

　彼は思いがけずに与えられた自由を有効に用いるために，
苦しみの故郷チューリヒを去り，パリに赴く。こゝで彼は
はじめて偉大な芸術と歴史に出会い，特にルネサンスの巨
匠たちに魅せられるが，倫理的にはパリに嫌悪を感じ，数

— v —

まえがき

ケ月後疲労してチューリヒの妹の許へもどる。夏には妹と
共に中央スイスのエンゲルベルクの山地に旅し，パリで知
った歴史の世界の偉大さと共に，こゝで山の世界の偉大さ
に魅せられる。秋にはミュンヒェンを訪れ，美術館でダヴ
ィンチやムリルロに感嘆する。

1858 年，失恋の痛手から逃れる目的もあって，妹と共に
イタリアに旅し，ローマで古代ギリシャ・ローマの不滅の
記念碑を見る。これは彼にとって深い内的体験となり，特
にミケランジェロの芸術の偉大さに触れて，彼の芸術の方
向と理想が確立される。彼はこの時以来ロマン主義的傾向
をはっきり捨て，彫塑的な限定された形式へ，古典主義へ
向う。イタリア旅行によって一人の芸術家が誕生したので
あった。翌年チューリヒに帰って翻訳の仕事をつゞけ，ま
た，クレーリア・ヴァイトマンという女性に対する愛から
一連の抒情詩が生まれるが，彼女は病弱のため結婚出来な
かった。彼は失望してまたローザンヌに行き，そこからチ
ューリヒ理工科大学のフランス語フランス文学の講師の席
を得るために論文を書き始めるが，同時に創作への欲求が
強くなり，この就職を諦める。そして，それまでに出来た
101 の詩を詩集として出版しようとしたが，出版社に拒絶
される。しかしこの頃から彼は文学を自分の仕事と自覚し，
夢想家的態度を捨て，厳格な日課による仕事と訓練の方法
を学び，「天才とは勤勉なり」の格言の模範のような生活
をするようになる。

1861 年妹のもとにもどり，妹にはげまされつゝ孤独に
創作をつゞけ，1864 年，妹の奔走の結果，39 才にしてシ
ュトットガルトの出版社メッツラーから „Zwanzig Bal-

まえがき

laden von einem Schweizer" を自費出版することに成功する。これが彼の処女詩集である。この作品は殆ど人々の注目をひかなかったが，どちらかと言えばスイスのドイツ語地方よりもフランス語地方で人気があった。マイヤーはフランス的なものから深く生命を得ていたのである。

c) 1865 年—1898 年（40 才から晩年まで。成功と晩年の苦しみ）

40 才頃からマイヤーは詩人として長足の進歩を遂げる。やがてライプツィヒの出版社ヘッセルが彼の才能を見込んで彼の出版を引きうけることになる。1867 年に „Balladen von C. F. Meyer"，1869 年には更にこれを改作して „Romanzen und Bilder" が同社から出版される。しかしこの詩集も彼に決定的成功を齎すには至らず，1871 年の長編抒情詩 „Huttens letzte Tage"（「フッテンの最後の日々」）でようやく世間に認められ，成功する。この作品は，当時の独仏戦争（1870/71）が機縁となって書かれたものと言われている。彼はこの大戦争によって，自分がゲルマン民族に属することを自覚し，これまでのフランス的性格を捨て，この心的変化に表現を与えようとしたのであった。彼は，従来，その内面性，倫理性，良心，宗教，苦悩等の点では北方的・ゲルマン的であったが，感覚的には強く南方的・ロマン的なものにひかれ，旅行もフランスとイタリヤが中心で，北方へはミュンヒェンを短期間訪れただけであった。しかし，この戦争を機縁として，自己の北方的・ゲルマン的内実に，正にミケランジェロから学んだところに従って，力強い肉体を，典型的な形姿を与えることが，彼の芸術的課題となる。同時に彼はこの作品で，個人的問

—vii—

まえがき

題を大きな歴史的素材によって表現する方法を見出し，これ以後，人間が歴史的な巨大な存在になる決定的・神秘的瞬間を，大きな歴史的事件の中で，大きな様式で描くことが，彼の態度の根本となる。しかし，北方的・ゲルマン的なものと南方的・ロマン的なものの対立と融合は，マイヤーにおける二元性の問題として最後まで彼につきまとうものである。また，この作品によって，マイヤーの簡潔・冷静な，彫塑的・記念碑的文体が確立された。

　この後の 20 年間は，マイヤーにとって充実した実り多い成功の時代だった。主要作品を拾ってみると，1873 年には短編小説 „Das Amulett“ が，1874 年には長編小説 „Jürg Jenatsch“ が完成する。この作品はイタリア統一が機縁となって生れたと言われている。若い頃は現実に関心を示さなかった彼が，今や歴史的素材を通して時代に参加しようとする。1875年，50才近くになってからの幸福な結婚が彼の筆を一層快調に運ばせる。精神上の変化は次第に肉体的変化をも齎し，痩せこけて神経質そうな彼が，血色のよい堂々とした体躯の男となる。1880 年短編 „Der Heilige“ によって彼はチューリヒ大学から博士号を贈られる。1882 年には処女詩集以来彫琢に彫琢を重ねた詩を一巻の „Gedichte“ （「詩集」）として出版する。1884 年には „Die Hochzeit des Mönchs“, 1885 年には „Die Richterin“ が出され，そして 1887 年には „Die Versuchung des Pescara“ によってバイエルン王からマクシミーリアン勲章が贈られる。1891 年には „Angela Borgia“ が完成する。しかし，1887 年頃から再び身心の衰弱が現われ，やがて，憂うつ，厭世，不信の傾向がひどくなり，

まえがき

過度に神経質となり幻覚さえ現われるようになったので，1892 年再び精神病院に入ることに同意する。約一年後に退院したが，その後の彼には最早活動は不可能となり，妻と一人の娘に手厚く世話されて静かな生活を送った後，1898 年秋，73 才で心臓卒中のため死去した。

2. C. F. マイヤーの詩

マイヤーは 1882 年に 191 の詩から成る詩集 („Gedich-te")を出版した。これらの詩は，これ以前のドイツの詩の感情を表面に出した告白的傾向や，気分に訴える傾向に対して，はっきりと違った言葉を提出している。マイヤーの詩は感情を表面に出さず，激しい面や陶酔的な面もなく，極度に簡潔・冷静な，彫塑的な言葉で，いわば即物的に形象を示すのである。彼にとって単に感情にすぎないものは，克服されるべき一時的なもので，思考こそが抒情詩の要素であった。そのため彼は結婚直後の幸福な生活から生じたおびただしい詩を，単に感情の表現として，芸術と見做さず，破棄したのである。

しかし，彼は，40 才にしてようやく独自の表現に到達するまで，暗黒の世界を手探りでさ迷わなければならなかった。実際，詩人になるための何の保証も希望もなく，どうして彼がこのように長い間，苦悩の道程を歩みつゞけたのか，それは正に人生の秘密としか言いようがあるまい。マイヤーの初期の詩は，しばしば倦き倦きするほど長い物語詩である。だが後に彼はこれらの詩を改作して，瞬間へ，つまり視覚的形象へ凝縮する。表現は簡潔・冷静になり，物語詩の筋の発展は消滅して，恰も一幅の絵画が色彩，形，

— ix —

まえがき

線，光，影等の配置によって構成されるように，一つの視覚的な形象が作り出される。マイヤーがこのような目的のために，詩に飽くことなく彫琢を加えたことは有名である。1882 年に詩集が出てからも，一つ一つの詩を何度も検討し，また新たに作品を加えたりして，存命中に 232 の詩から成る詩集の第 5 版（1892 年）を出している。

マイヤーは，形象を提出することによって，自己の内面を外的なものを通して語らせようとしたように思われる。彼が素材を歴史や伝説，また芸術や自然のどこに求めようとも，彼はそこに自己の体験を盛るに相応しい容器があると感じた時にだけ，それらは詩にとり入れられる。彼は常に自己のテーマを考え抜いて確定し，このテーマに適した素材を探し求め，これに徹底的に彫琢を加えることによって詩にいわば工芸的堅固さを与え，同時に，それを自己の内心の客観的表現たらしめる。勿論この際に感情的要素は徹底的に除去される。

こうして，マイヤーの詩には主観と客観が，個人的なものと普遍的なものが分ち難く結びついて表現されることになる。マイヤーは心の最も繊細な動きをも気分に満ちた告白詩としては表現せず，外部から借りられた素材を自己の願望の表現たらしめ，内部と外部とを，自己の本来の願望と借りられた素材とを，たとえば，一つの風景がそのまゝ一つの魂の状態である，と言いうる程に，完全に一致させることによって，ドイツにおける象徴詩の開拓者になったのである。従って彼の詩の価値は，彼の内部と外部との一致がどこまで成功しているかにかゝっていると言うことが出来よう。

まえがき

　マイヤーの詩は，彼が 40 才にしてようやく光の中に歩み出るまでに，長い間暗黒の中で苦しみ抜いたということ，また，現在の光の世界が，いつまた暗黒の世界に取って代られるかも知れないという根本的な不安感が，常にマイヤーの中にあるということを考えずには，理解出来ないことが多い。特に，青年時代の文学の夢の難破，母親を失ったこと，失恋等，若い時代の数々の大きな喪失が，いわば青春そのものの喪失として，彼の生涯のテーマを形成することになる。そこには暗黒と光の対比，死と生の対比がある。というよりも，むしろ，巨大な暗黒，死が，光と生を，彼の文学を生み出す源になっている。彼の生は巨大な喪失と死を基礎とし，それに養われているわけである。そこでは生と幸福の最中にあってさえ，常に不安が感じられる。生の声は死の絶え間ない低い伴奏によって，2 倍も美しくひびくのだという独特の感情によって，彼の表現力は豊かになる。

　彼はこの過去の失われたものへの憧れと思い出から詩を書いた。失われたものから時間的に遠ざかるほど，それへの憧れと思い出は強くなり，過去の姿が時の経過に洗われて，その本質を明らかにする。つまり，こゝでも客観化が行われ，その表現は個人的であると同時に，一般的・普遍的なものとなる。客観・冷静・距離は常にマイヤー文学の特色である。

　マイヤー詩集は，9 人のミューズにあやかってか，次の9 つの部分から構成されている。

1.　Vorsaal 「前房」この章には詩集全体に現われる主　　調やテーマ（生への憧れ，死，芸術，愛など）が示さ

— xi —

まえがき

れている。

2. **Stunde** 「時間」詩人の魂の日，年，人生，そして時代における様々な変化，若さと老年，持続と変化，有限と無限などが，深く象徴的な自然感情の中で解決される。ところでマイヤーの自然感情は故郷のアルプスの山々によって養われた。それで次の章は山を歌う。

3. **In den Bergen** 「山中で」こゝでは到る所に万年雪が現われ，崇高で偉大な山岳の情景と詩人の自然感情が示される。そして次章では，心は山よりも更に遠い世界へ向う。

4. **Reise** 「旅」こゝでは，マイヤーにとって第二の故郷となったイタリアが，中でもローマとヴェネチアが歌われる。こゝは彼が芸術家として誕生した祝福の地である。

5. **Liebe** 「愛」9つの部分の中央に置かれているこの章が，詩集全体の中心である。こゝでマイヤーは最も純粋な抒情詩人となり，愛の喜びや苦しみを，個人的なものを越えて一般的な人生の感情，人生の問題として語る。しかしこの章の後の部分は，主観的要素よりも客観的要素が，抒情性よりも叙事性が次第に主調をなして，次の章へ移って行く。

6. **Götter** 「神々」ギリシャ・ローマ神話や歴史が主題となり，大部分は叙事的物語詩である。マイヤーはこのような素材によって宗教的・倫理的・歴史哲学的問題を扱い，神々の姿を追って行く。そして古代を通ってキリスト教の時代に入るとキリスト教は人類の発展の中で次の章のように，2つに分岐する。

—xii—

まえがき

7. Frech und fromm 「不敵と敬虔」これはマイヤー
が中世を考える場合に用いた一種の反対命題で，こゝ
では，神と人間，天上と地上，キリスト教と異教，内
省的生活と活動的生活の対照が，主として物語詩で示
されている。

8. Genie 「天才」近代に入り，専ら ,,frech`` が主題と
なる。場所はイタリア，そしてルネサンス。不敵な行
動的な人間や偉大な芸術家が登場するが，これらすべ
てを凌駕する者としてミケランジェロが描かれる。こ
こでマイヤーは芸術一般と自己の芸術について告白し
ている。

9. Männer 「男たち」,,fromm`` が主題となり，マイヤ
ーの倫理的・宗教的告白がなされている。宗教改革と
反宗教改革に活躍した人々や殉教者の姿が描かれる。

マイヤー詩集は全体としても，また各章毎に見ても，非
常に細かい配慮の上に構成されているので，個々の詩を読
むよりも，詩集全体を通読する方が，より良くマイヤーの
詩の性格と美しさに触れることが出来る。個々の詩は，詩
人のそのときどきの内面の表現であって，彼のすべての詩
と彼の内的生活の関係に彼の象徴主義の本質がある。従っ
て，この小冊子のように，彼の詩集の中から幾つかの作品
を選び出すこと自体，詩集全体の構成にみなぎる彼の強い
形式感（これは彼のロマン的傾向の現われである）と，彼
が目指した巨大な象徴性を損うことにもなる。しかし，詩
集の中には，彼の飽くことを知らない彫琢にもかゝわらず，
いやむしろそれ故にこそ，意味やテーマが必ずしも明らか
でない作品も少なくないし，また，詩集の後半の作品は歴史

—xiii—

まえがき

上の素材に拘束されている傾向が強く，ヨーロッパの歴史や伝説に通じていなければ理解し難い場合が多い。

このようなわけで，この小冊子には，詩集前半から抒情詩人マイヤーの性格が直接的に現われている作品が多く取り入れられ，詩集後半に強く見られる教養詩人としてのマイヤーについては，二，三の例を示すにとゞめたことを，おことわりしておきたい。

INHALT

——目　次——

まえがき　...	i

I.　Vorsaal (前房) より

1.　Fülle　..	2
充実	
2.　Schwarzschattende Kastanie　..................	4
黒い木陰をつくるカスターニエ	
3.　Nachtgeräusche　.............................	8
夜の物音	
4.　Die toten Freunde　............................	10
亡友たち	
5.　Liebesflämmchen...............................	14
恋のともしび	
6.　Die Jungfrau　..................................	16
おとめ	

II.　Stunde (時間) より

7.　Lenzfahrt　.....................................	20
春の船上で	
8.　Der Lieblingsbaum　..........................	24
好きな木	
9.　Abendrot im Walde　..........................	28
森の夕映	
10.　Schwüle　......................................	30
蒸暑さ	
11.　Eingelegte Ruder　...........................	34
納められた櫂	

—— xv ——

INHALT

12.	Ein bißchen Freude	36
	少しばかりの喜びで	
13.	Im Spätboot	38
	夜の船で	
14.	Vor der Ernte	40
	刈り入れのまえ	
15.	Auf Goldgrund	42
	金の地に	
16.	Requiem	46
	鎮魂歌	
17.	Abendwolke	48
	夕雲	
18.	Mein Stern	50
	わたしの星	
19.	Wanderfüße	54
	さすらい行く足	
20.	Die Veltlinertraube	58
	ヴェルトリーンのぶどう	
21.	Neujahrsglocken	62
	除夜の鐘	
III.	In den Bergen (山中で) より	
22.	Das weiße Spitzchen	64
	白い尖峯	
23.	Firnelicht	68
	万年雪の輝き	
24.	Himmelsnähe	72
	天に近く	
25.	Das Seelchen	76
	小さな魂	

INHALT

26. Ich würd' es hören 78
   わたしはそれを聞くだろう

27. Noch einmal 82
   もう一度

IV. Reise (旅) より

28. Venedig 86
   ヴェニス

29. Auf dem Canal grande 90
   大運河の上に

30. Der römische Brunnen 94
   ローマの泉

31. Der Gesang des Meeres 96
   海の歌

32. Möwenflug 100
   鷗の飛翔

V. Liebe (愛) より

33. Alles war ein Spiel 104
   すべては戯れだったのだ

34. Zwei Segel 106
   二つの帆

35. Hesperos 108
   宵の明星

36. Spielzeug 112
   玩具

37. Stapfen 116
   足あと

38. Wetterleuchten 122
   稲妻

—xvii—

INHALT

39. Die tote Liebe 126
   死んだ愛

VI. Götter (神々) より

40. In einer Sturmnacht 130
   嵐の夜に

VII. Frech und fromm (不敵と敬虔) より

41. Mit zwei Worten 134
   ふたつの言葉で

VIII. Genie (天才) より

42. Michelangelo und seine Statuen 138
   ミケランジェロと彼の彫像たち

43. In der Sistina 142
   システィーナ礼拝堂にて

44. Chor der Toten 146
   死者たちの合唱

IX. Männer (男たち) より

45. Die Karyatide 150
   女像柱

Ausgewählte Gedichte

von

Conrad Ferdinand

Meyer

1. Fülle

Genug ist nicht genug! Gepriesen werde
Der Herbst! Kein Ast, der seiner Frucht entbehrte!
Tief beugt sich mancher allzureich beschwerte,
Der Apfel fällt mit dumpfem Laut zur Erde.

5 Genug ist nicht genug! Es lacht im Laube!
Die saftge Pfirsche winkt dem durstgen Munde!
Die trunknen Wespen summen in die Runde:
《Genug ist nicht genug!》 um eine Traube.

Genug ist nicht genug! Mit vollen Zügen
10 Schlürft Dichtergeist am Borne des Genusses,
Das Herz, auch es bedarf des Überflusses,
Genug kann nie und nimmermehr genügen!

[鑑賞] マイヤー詩集のプレリュード。詩人がこゝで言っている
Fülle とは享楽的なものではなく、むしろ内的・精神的なもの
であろう。彼は社会的な職業について小さな独立と安定を得る
よりも、精神の世界での最高の独立と充実を求めて、内的には
終生一所不住の人であった。その意味でこの詩は彼の詩集の冒
頭を飾るにふさわしいものと言えよう。また特に Fülle が秋と
いう季節によって形象化されているのは、中年を過ぎ、いわば
人生の秋になってはじめて作品が書けるようになったマイヤー
にとり、非常に意味深いことである。詩人の心は楽園のような
充実・爛熟のうちに住んで、なおもとゝまるところを知らず、
限りなく充実を求めなければならないという、彼の詩人として
の基本的な願いがこゝに表現されているわけである。形式の上
でも、この詩は細部に至るまで充実しているように思われる。
各行 (Vers) が5つの抑揚格 (Jambus) から成り、4行から

— 2 —

1. 充　実

充分には限りがない。讃えようよ，
秋をこそ。実をつけていない枝はなく，
あまりの豊かさにたえかねて，深くうなだれるものもある。
りんごが鈍い音をたてゝ地に落ちる。

充分には限りがない。繁みは笑いさゞめいて，
みずみずしい桃が渇いた口をさし招く。
酔っぱらった蜂どもがうなりをあげて飛びまわる，
「充分には限りがない」と，ぶどうの房をまわって。

充分には限りがない。ぐいぐいと思うさま
詩人は楽しみの泉をすゝりあげる。
心——心もまた足るを知らない。
充分には決して充分ということがない。

　成る各節 (Strophe) は abba の脚韻 (Endreim) に整然とと
とのえられている。
[注] 1) **genug:** 形容詞がそのまゝ名詞として用いられ主語
になっている。 1〜2) **Gepriesen werde der Herbst!:** 受
動の命令「秋は讃えられよ！」 2) **entbehrte:** 非現実を表
現する副文中の接続法第二式。 3) **beschwerte** のあとに Ast
が省かれている。5) **es:** 自然現象をあらわす非人称主語。 6)
saftge: 韻をとゝのえるために saftige の i が省かれた形，次の
durstgen も durstigen の略。 9) **Zügen:** Zug「飲みこむこ
と」の複数三格。 10) **am:** an dem,「泉の水をひとくちずつ
飲む」という風に，あるものを少しずつ片づけることを示す an.
10) **Born:** Brunnen「泉」，詩語。 11) **es:** Das Herz
をうける。11) **bedarf:** bedürfen「…を必要とする」の三人
称単数現在，二格支配。

— 3 —

2. Schwarzschattende Kastanie

Schwarzschattende Kastanie,
Mein windgeregtes Sommerzelt,
Du senkst zur Flut dein weit Geäst,
Dein Laub, es durstet und es trinkt,
Schwarzschattende Kastanie!
Im Porte badet junge Brut
Mit Hader oder Lustgeschrei,
Und Kinder schwimmen leuchtend weiß
Im Gitter deines Blätterwerks,
Schwarzschattende Kastanie!
Und dämmern See und Ufer ein
Und rauscht vorbei das Abendboot,

[鑑賞] 表題の言葉が4度 Leitmotiv のようにくり返えされ，全体が穏やかな音楽のようにひゞく。Im Porte 以下の2行が光の中の活気ある世界を描いているのに対し，Und Kinder 以下の2行は大きな木陰の中の静かな世界を描いている。junge Brut と Kinder という語の何気ない使い分けに，すでにこの二つの世界の対比が感じられる。Brut という語には，光や生命に対する詩人の一種の嫌悪，疎遠感がこめられているかもしれない。そして，夜，波の上をやってくるきれぎれの光の文字も，木陰の暗い静かな領域へは入って来ない。木陰は活気や光，即ち生とは反対の世界である。それは安らぎと暗さ，つまり死の世界。そしてこゝで詩人は安らぎと創造の力を得るのであろう。マイヤーの詩では水も死の領域を意味し，生は死によって養われてはじめて完全なものとなる。力強いカスターニエ

— 4 —

2. 黒い木陰をつくるカスターニエ

黒い木陰をつくるカスターニエよ，
わたしの風にさやめく夏の天幕よ，
君はひろく張り出した枝を波に垂れ，
君の葉群は水に憧れ，水を吸っている。
黒い木陰をつくるカスターニエよ，
波止場では腕白どもが，言い争ったり
歓声をあげたりして，水浴の最中だ。
そして，子供たちは輝くばかりに白く
君の枝と葉が作る格子のうちを泳いでいる。
黒い木陰をつくるカスターニエよ，
そして湖と岸がまどろみ
夜の船が通りすぎるとき，

が葉から水を吸っている情景には，そのような意味も含まれているわけである。一見快い風景の描写に，生と死の関係がはっきり描き込まれている。

[注] 2) **windgeregt:** vom Wind geregt の意味。一語につづられ形容詞となっている。 3) **dein weit Geäst:** dein weites Geäst, 中性一・四格の格語尾 es は省かれることがある。 4) **es:** dein Laub をうける。次の es も同じ。 6) **Brut:** 元来は「動物の子」の意味。しかしこゝでは，カスターニエの木陰で静かに泳いでいる子供たちに較べて，波止場で喧嘩したり歓声をあげたりして騒いでいる元気な子供たちを，いわば動物の子になぞらえてこのように言ったのであろう。 11) **Und dämmern See…das Abendboot:** wenn が省かれた形の副文で，13 行目の so 以下が主文。wenn を補うと定動詞は文末に置かれ

— 5 —

So zuckt aus roter Schiffslatern
Ein Blitz und wandert auf dem Schwung
Der Flut, gebrochnen Lettern gleich,
Bis unter deinem Laub erlischt
Die rätselhafte Flammenschrift,
Schwarzschattende Kastanie!

る。 Und wenn...eindämmern und...rauscht, so.... 15)
gleich: 「...のように」三格をとる。gebrochnen Lettern が三

船の赤い灯火から光がきらめき，
波のうねりのうえを
きれぎれの文字のように揺れながらやって来る。
そして君の葉の下で
その謎のような焰の文字は消えてしまう。
黒い木陰をつくるカスターニエよ。

格。 16) **erlischt:** erlöschen「消える」の三人称単数現在。

3. Nachtgeräusche

Melde mir die Nachtgeräusche, Muse,
Die ans Ohr des Schlummerlosen fluten!
Erst das traute Wachtgebell der Hunde,
Dann der abgezählte Schlag der Stunde,
5　Dann ein Fischer-Zwiegespräch am Ufer,
Dann? Nichts weiter als der ungewisse
Geisterlaut der ungebrochnen Stille,
Wie das Atmen eines jungen Busens,
Wie das Murmeln eines tiefen Brunnens,
10　Wie das Schlagen eines dumpfen Ruders,
Dann der ungehörte Tritt des Schlummers.

[鑑賞]　この詩を読むとマイヤーは音の描写にかけても優れた腕前をもっていることが解る。5行目までは現実の物音が明晰に描かれており，その後には敏感な耳に聞える夜の不気味な静けさが見事にとらえられている。だがこの詩の意味はそれだけではない。8行目からの三つの wie による比喩は，生から死の領域への接近を感じさせないであろうか。夜の闇に聞える鈍い櫂の水打つ音は何かしら死のテーマを連想させる。そして最後のまどろみの足音は，これを死の足音と言いかえても同じではないだろうか。昼間の活動を支える夜の眠りは，生の根源をなす死の領域に属するものであることを，この詩は暗示しているように思われる。なおこの詩を一つの小さな標題音楽として耳かたむけてみるのも面白い。愛の憧れ (8行目)，深淵のさゝやき (9行目)，死のテーマ (10行目) と読者を次第に深い所に誘って行く手法には何か音楽的なものが感じられる。

3. 夜 の 物 音

ミューズよ，夜半に聞えるこの物音は何でしょう。

眠られぬわたしの耳もとに，それはひたひたと押しよせて
　くるのです。

はじめは，見張りの犬たちの聞きなれた可愛いゝ吠え声が
　しました。

それから，時刻を告げる鐘の音をひとつひとつ指折り数え
　ました。

それから，岸辺の釣師の話し声。

それから？　それからは，たゞいつまでもつゞく静けさの
何か知れない不思議な物音。

うら若い胸の息ずかいのような，

深い井戸の水音のような，

水打つ鈍い櫂の音のような。

それから，耳には聞えないまどろみの足音。

[注] 2) **die:** 1 行目の die Nachtgeräusche にかゝる関係
代名詞。 2) **des Schlummerlosen:** 形容詞の名詞化，一
格は der Schlummerlose 「眠られぬ者」 5) **ein Fischer-
Zwiegespräch:**「漁夫，または，釣師の対話」であるが，二つ
の単語をハイフン (Bindestrich) で結んだこの形は，勿論普通の
言い方ではなく，詩の形式を保つために用いられているもの。6)
nichts als...:「... 以外の何物でもない，たゞ ... だけ」 8)
Atmen: 発音「á:tmən」なお das Atmen, das Murmeln, das
Schlagen はいずれも動詞の不定詞が動作名詞になったもの。
11) **ungehörte:** un＋gehört (hören の過去分詞) が形容詞と
して用いられている。「聞かれない，耳に聞えない」 7 行目の
ungebrochnen も同じ。un＋gebrochen (brechen の過去分詞)
に形容詞の語尾 en がついたもの。

— 9 —

4. Die toten Freunde

Das Boot stößt ab von den Leuchten des Gestads.
Durch rollende Wellen dreht sich der Schwung des
  Rads.
Schwarz qualmt des Rohres Rauch ... Heut hab ich
  schlecht,
Das heißt mit lauter jungem Volk gezecht —

5 Du, der gestürzt ist mit zerschossener Stirn,
Und du, verschwunden auf einer Gletscherfirn,
Und du, verlodert wie schwüler Blitzesschein,
Meine toten Freunde, saget, gedenkt ihr mein?

Wogen zischen um Boot und Räderschlag,

[鑑賞] 詩人はある日若い人々の酒宴に連なったが，気持が通じ
合わぬほろ苦さを心に抱いて帰途の船に乗る。生の世界は彼に
はそぐわないのである。黒い（死の象徴）煙をはく夜の船が，
灯火またゝく生の岸辺をはなれると，湖上の強い風に冷やされ
た頭に，なつかしい亡友たちの思い出がよみがえってくる。詩
人は暗い湖上で，自分が結局は死んだ旧友たちに属しているこ
とを，つまり夜の闇と水と死に，この一切をおゝう根源的なも
のに属していることを知るのである。なおマイヤーは，彼以前
には詩の題材になり得なかったものを，はじめて詩にとり入れ
たことでも有名であるが，この詩のように，チューリヒ湖の蒸
気船を詩にうたったのも，マイヤーが最初であると言われてい
る。
[注] 1) **das Boot:** 詩の内容からみて「小舟」ではなく，大

— 10 —

4. 亡 友 た ち

船はともしびまた丶く岸辺をはなれ，
波のうねりを切って車輪は勢よく廻っている。
もうもうと黒く，煙突の煙…今日わたしはまずいことに
若い連中ばかりと盃を重ねた――

額を射ち抜いて倒れた君，
そして，氷河の万年雪の上で消息を絶った君，
また，むし暑い日の稲妻のように燃えつきた君，
わたしの死んだ友たちよ，さあ，まだわたしを憶えている
　　か。

船とまわる車輪をめぐって，高鳴る波の音。

きな「蒸気船」をさしている。　　1)　**Gestads:** Gestade の二
格，末尾の e が省かれている。なお Gestade は詩語で，普通は
die Küste, der Strand 等。　　2)　この **Rad** は Raddampfer
(船体の両側中央についてい る水車風の大きな車が廻転し，水を
かいて進む蒸気船) についているもの。Raddampfer は今日で
も一・二隻チューリヒ湖を運行しており，この地方の人々に愛さ
れている。　　4)　**das heißt:**「すなわち」　　4)　**lauter:** 無
変化の形容詞，「た丶…だけ」　　6)　**verschwunden...:** 5 行
目のような関係文が過去分詞によって句に短縮されたもの。次行
の verlodert 以下も同じ。　　6)　**...firn:** …firne の -e が 5 行
目の Stirn と脚韻を合わせるため省かれている。die Firne は
「雪におゝわれた山」 8)　**mein:** ich の二格 meiner, 詩的な
言い方。　　9)　**zischen:** こゝでは船や車輪の周囲で波が「し

— 11 —

10 Dazwischen jubelt ein dumpfes Zechgelag,
In den Fluten braust ein sturmgedämpfter Chor,
Becher läuten aus tiefer Nacht empor.

ゅしゅと音をたてる」こと。 9) **Räderschlag:**「車が廻
転して波を打つこと」 11) **sturmgedämpft:** vom Sturm

そのあい間に酒宴の歓声がうつろに聞えてくる。
水の中ではコーラスが嵐にかき消されながら力いっぱい歌
　っている。
盃の音さえ闇の底からひゞいてくる。

---

gedämpft.

5. Liebesflämmchen

Die Mutter mahnt mich abends:
《Trag Sorg zur Ampel, Kind!
Jüngst träumte mir von Feuer —
Auch weht ein wilder Wind.》

5   Das Flämmchen auf der Ampel,
Ich lösch es mit Bedacht,
Das Licht in meinem Herzen
Brennt durch die ganze Nacht.

Die Mutter ruft mich morgens:
10   《Kind, hebe dich! 's ist Tag!》
Sie pocht an meiner Türe
Dreimal mit starkem Schlag

Und meint, sie habe grausam
Mich aus dem Schlaf geschreckt —
15   Das Licht in meinem Herzen
Hat längst mich aufgeweckt.

[鑑賞] マイヤーには珍らしく歌謡風，民謡風な詩だ。すべてを
冷静に計算し，熟慮の後にペンをとるマイヤーも，このような
素朴な情熱を表面にあらわすこともあるのだ。愛の灯火は夜も
昼も燃えつづけ，愛する者の内部はいつも明るく照らされ，目
ざめていて，切ない。各節の1行目と3行目の脚韻が合ってい
ないのも，素朴さを出すのに一役かっているように思われる。
[注] 1) **mahnt mich**:「わたしに注意する」 2) **Trag**

5. 恋のともしび

夜，お母さんはわたしに言う。
「おまえ，吊ランプに気をおつけ。
わたしは火事の夢を見たばかり──
ほら，強い風が吹いている」

吊ランプの小さな火，
わたしはその火をしずかに消す。
だけどわたしの胸の灯は
夜どおし燃えつゞけているのです。

朝，お母さんはわたしを呼ぶ。
「おまえ，お起き，もう朝よ」
三度も，つよく，
わたしの部屋の戸をたゝき，

しゃにむにわたしを眠りから
たゝき起した，おつもりなの──
だけどわたしの胸の灯が
とっくに起しておりました。

Sorg: Trage Sorge. e が省かれている。命令法。 Sorge
tragen＝sorgen 「配慮する，気をつかう」 3) **es träumte
mir von…:** 「わたしは…の夢を見た」この es (非人称主語)
は倒置文や後置文では省かれる。 4) **auch:** 「事実また…なの
だから」 6) **ich lösch:** ich lösche. 韻をとゝのえるために
語尾 e が省かれている。 10) **'s ist Tag:** Es ist Tag. Es は
非人称主語。 13) **habe:** 接続法第一式，間接説話。

— 15 —

6. Die Jungfrau

Wo sah ich, Mädchen, deine Züge,
Die drohnden Augen lieblich wild,
Noch rein von Eitelkeit und Lüge?
Auf Buonarrotis großem Bild:

5 Der Schöpfer senkt sich sachten Fluges
Zum Menschen, welcher schlummernd liegt,
Im Schoße seines Mantelbuges
Ruht himmlisches Gesind geschmiegt:

Voran ein Wesen, nicht zu nennen,

[鑑賞] まだ人生の戸口の外に立って，人生に漠然とした憧れを
感じはじめている年頃の少女の清らかさが，「けがれなき神の
思い」とまで言われて，限りなく讃美されている。だが詩人は
感情を直接表面に出さず，システィーナ礼拝堂のミケランジェ
ロの天井画のひとつ「アーダムの創造」中のエーヴァを描くこ
とによって，少女のうつろい易い清らかさを見事に定着してい
る。このように詩人は，現実の生を直接感情によって捕えずに，
それを永遠化され完成されたものを通して，いわば客観的に描
く。だがわれわれは詩人の讃美の感情が全篇にみなぎっている
のを感じるのである。なお2節から5節までの「アーダムの創
造」についての描写の中に，詩人と文学との関係がそれとなく
描き込まれていることに注意しなければならない。マイヤーは
システィーナ礼拝堂でミケランジェロの天井画を見ることによ
って，芸術家として開眼した。ミケランジェロはマイヤーにと

6. お と め

おとめよ，わたしはどこであなたを見たのだろう。
愛らしく飾り気ない，きっと見つめるふたつの眼。
まだ見栄も嘘も知らないのだ。
そうだ，ブオナローティの大きな絵で見たのだ——

創造の神が，まどろんでいる人のところへ
しずかに舞い降りてくる。
神のまるくふくらんだ外套の中では
天上のしもべたちが身を寄せて憩うている——

そのなかでひときわ目立つ，名づけようのないひと。

って，いわば芸術上の神である。丁度アーダムが創造の神から
意識を与えられ，最初の人間として立ち上り，神から妻エーヴ
ァを得たように，マイヤーはミケランジェロによって意識の火
花を与えられ，そしてミケランジェロから彼のエーヴァ(文学)
を得たのである。

[注] 1) **Züge:** Zug の複数，「目鼻立ち，容貌」 2) **wild:**
うしろから Augen にかゝる形容詞。　3) **rein von…:** 「…
のない」やはり Augen にかゝる。　4) **Buonarrotis:** -s は
二格の語尾，Michelangelo Buonarroti，イタリア・ルネサンス
時代の彫刻家ミケランジェロ。5) **sachten Fluges:** 二格が
副詞句になっている。「しずかに飛んで」 7) **Schoß:** 「ふと
ころ，内部」 7) **Mantelbug:** Bug は「まるくなっている部
分」 8) **Gesind:** Gesinde 「召使，下僕」 9) **voran:**
「一番前に，先頭に」 9) **ein Wesen, nicht zu nennen:**

— 17 —

10 Von Gottes Mantel keusch umwallt,
Des Weibes Züge, zu erkennen
In einer schlanken Traumgestalt.

Sie lauscht, das Haupt hervorgewendet,
Mit Augen schaut sie, tief erschreckt,
15 Wie Adam Er den Funken spendet
Und seine Rechte mahnend reckt.

Sie sieht den Schlummrer sich erheben,
Der das bewußte Sein empfängt,
Auch sie sehnt dunkel sich zu leben,
20 An Gottes Schulter still gedrängt ——

So harrst du vor des Lebens Schranke,
Noch ungefesselt vom Geschick,
Ein unentweihter Gottgedanke,
Und öffnest staunend deinen Blick.

---

ein Wesen, das nicht zu nennen ist と補って読む。　10)　こ
の一行は　ein Wesen にかゝる形容句。　11) **Des Weibes
Züge, zu erkennen**...: Des Weibes Züge, die... zu erken-

神の波うつ外套に守られた，清らかなひと。
ほっそりした，この世のものならぬ姿の中に
それと解る女の目鼻立ち。

彼女は首を出してのぞいている。
深く驚いて見つめている，
神がアーダムに火花を与え
右手を伸べて彼の眠りをさますのを。

彼女は見る，まどろんでいる若者が
意識を吹き込まれて起き上るのを。
神の肩に静かに引き寄せられたま、，
彼女も地上で生きることにほのかな憧れを感じる──

そのようにあなたは，まだ運命に縛られずに，
人生の囲いの外で待っているのだ。
あなたはけがれなき神の思い，
そして驚いて眼を開くのだ。

---

nen sind と補って読む。 13) **das Haupt hervorgewendet:**
「頭を前に出して横にまわして」分詞句。 15) **Er: Gott** をさ
す。

7. Lenzfahrt

Am Himmel wächst der Sonne Glut,
Aufquillt der See, das Eis zersprang,
Das erste Segel teilt die Flut,
Mir schwillt das Herz wie Segeldrang.

5 Zu wandern ist das Herz verdammt,
Das seinen Jugendtag versäumt,
Sobald die Lenzessonne flammt,
Sobald die Welle wieder schäumt.

Verscherzte Jugend ist ein Schmerz
10 Und einer ewgen Sehnsucht Hort,
Nach seinem Lenze sucht das Herz
In einem fort, in einem fort!

Und ob die Locke dir ergraut

[鑑賞] 人生は一度限りであり，若き日も二度めぐっては来ない。しかも自覚的な人生にとっては，どのような青春も，毎年めぐってくる自然界の春のように完全に自己肯定的ではあり得ない。そこには必ず空しく過ぎた時間があるに違いない。人生の秋を迎えた老詩人に，季節の春は，空しく過ぎ去った人生の春への痛ましい憧れを燃えたゝせる。そしてそのためにかえって，身はすでに人生の秋の中にありながら，詩人の心は春が来るたびに若々しく高鳴り，春という季節の本質である限りない憧れを

7. 春の船上で

空に太陽の熱は増し,
湖水は湧き出で, 氷は砕けた。
はじめての帆が大波をわけて進み,
わたしの心は風をはらんだ帆のようにふくらむ。

若き日を空費した心は
さすらいの旅へと追いたてられる,
春の太陽が燃えはじめ,
波が再び泡立つと, すぐに。

空しく過ぎた若き日は, 痛みとなり,
また永遠に憧れつきぬものとなる。
心は, いつまでも, いつまでも,
その春を求めてさすらい行く。

たとえ君の巻毛に霜が下り,

味わうのである。
[注] **Lenz:** Frühling, 詩語。 2) **Aufquillt:** 分離前つ
づり auf の位置は文法的にも韻律の上からも反則だが, これは
auf の意味を強調した形。 5) **verdammt:** 「…するように
義務づけられている, 呪われている」 zu wandern と結合す
る。10) **ewgen:** ewigen の i が省かれている。 11) **nach:**
次の sucht につづく。 nach…suchen で 「…を求める, 探す」
12) **in einem fort:** 「たえず」 13) **und ob:** 「たとえ〜

—21—

Und bald das Herz wird stille stehn,
Noch muß es, wann die Welle blaut,
Nach seinem Lenze wandern gehn.

であろうとも」 15) **wann:** wenn の古風な言い方，詩語。

やがて心が静かに憩うとも，
波が青くなる頃は，心はなおも
その春を求めてさすらいの旅に出るさだめ。

---

16) **wandern:** 副詞的に次の gehen を規定して，「旅に出る」

8. Der Lieblingsbaum

Den ich pflanzte, junger Baum,
Dessen Wuchs mich freute,
Zähl ich deine Lenze, kaum
Sind es zwanzig heute.

Oft im Geist ergötzt es mich,
Über mir im Blauen,
Schlankes Astgebilde, dich
Mächtig auszubauen.

Lichtdurchwirkten Schatten nur
Legst du auf die Matten,
Eh du dunkel deckst die Flur,
Bin ich selbst ein Schatten.

Aber haschen soll mich nicht

[鑑賞] 木陰や森はマイヤーにとっていつも最上の憩いの場所，また避難の場所である。こゝで詩人は守られていると感じ，詩人の詩的旋律は調律される。詩人は，樹木に働く永遠の生命意志から，詩人としての永遠の生命を受けとることが出来ると感じ，自然が個々の生命体を超えて生きるように，彼自身も死後自らの文学の中に生きつゞけようと思うのである。樹木との一体感の表現が，単に自然への没入を意味するのではなく，同時に詩人の芸術意志の表現となっていることに注意しなければな

8. 好きな木

わたしが植えた若い木よ，
おまえの生長こそわたしの喜び，
おまえの春をかぞえれば
今日でようやく二十年。

ときどき思う楽しみは，
おまえが青空にそびえ立ち，
しなやかな大枝も逞しく
わたしの頭上をおゝうこと。

おまえが草におく影は
まだ光織りなす鹿子まだら。
おまえが黒々と草地をおゝうまえに
わたし自身が影となる。

だがわたしは決して

らない。
[注] 1) **den:** 関係代名詞, junger Baum にかゝる。次行の dessen も同じ。 3) **Zähl ich…:** wenn ich…zähle, sind es kaum…. 5) **es:** Über mir 以下の zu 不定句をうける。 7) **Schlankes Astgebilde:** まだきゃしゃで, ほっそりしている 大枝への呼びかけ。 9) **Lichtdurchwirkten Schatten:** mit Licht durchwirkten Schatten, mit et. durchwirken「ある

Stygisches Gesinde,
Weichen werd ich aus dem Licht
Unter deine Rinde.

Frische Säfte rieseln laut,
Rieseln durch die Stille,
Um mich, in mir webt und baut
Ewger Lebenswille.

Halb bewußt und halb im Traum
Über mir im Lichten
Werd ich, mein geliebter Baum,
Dich zu Ende dichten.

ものを織り込む」15) **werd ich:** この werden は殆ど wollen

三途の川の渡し守りの手には渡らない。
わたしは光の世界から
おまえの樹皮の下へ逃げ込もう。

新鮮な樹液が音をたてゝ
静けさの中を流れて行く。
わたしのまわりで，わたしの中で働き築くのは
永遠の生命の意志。

半ばうつゝに半ばは夢に
木洩れ陽を浴びながら，
愛する木よ，わたしは最後まで
おまえを歌うだろう。

と同じ意味。 22) **Lichten:** 動作名詞「明るくする，透かす」

9. Abendrot im Walde

In den Wald bin ich geflüchtet,
Ein zu Tod gehetztes Wild,
Da die letzte Glut der Sonne
Längs den glatten Stämmen quillt.

5   Keuchend lieg ich. Mir zu Seiten
Blutet, siehe, Moos und Stein —
Strömt das Blut aus meinen Wunden?
Oder ist's der Abendschein?

[鑑賞]　夕映の紅に染めあげられた美しい森の中で，鹿の死が迫っている。鹿はもう自分の血と夕日の紅との区別もつかないほどに，判断力を失っている。一日の最後の光が消えると，森には夜の闇と共に鹿の死がやってくる。鹿は自分の避難の場所である森の中で死の闇に包まれるのだ。しかし幾分残酷な耽美主義を感じさせるこの小品は，単に森の一情景を描いているのではない。森に逃げ込んだ傷ついた鹿は，マイヤー自身の傷つい

9. 森 の 夕 映

わたしは狩立てられ
森の中に逃げ込んだ息たえだえの野鹿。
太陽の最後の灼熱の紅が
木々の滑らかな幹に沿って湧き出ている。

わたしはあえぎあえぎ横たわっている。
傍では，見よ，苔も石も紅に染っている——
血がわたしの傷から流れ出ているのだろうか。
それともそれは夕映の紅か。

た青春の姿に外ならないであろう。
[注] 2) **ein zu Tod gehetztes Wild:** ich と同格。 3)
da: 関係副詞 wo の古形，Wald にかゝる。4) **längs:**「～
に沿って」前置詞。 4) **quillt:** quellen「湧き出る」の三人
称単数現在。 5) **mir zu Seiten:** jm. zu Seiten「ある人の
かたわらに」 8) **ist's:** ist es.

— 29 —

10. Schwüle

Trüb verglomm der schwüle Sommertag,
Dumpf und traurig tönt mein Ruderschlag —
Sterne, Sterne — Abend ist es ja —
Sterne, warum seid ihr noch nicht da?

5 Bleich das Leben!   Bleich der Felsenhang!
Schilf, was flüsterst du so frech und bang?
Fern der Himmel und die Tiefe nah —
Sterne, warum seid ihr noch nicht da?

Eine liebe, liebe Stimme ruft
10 Mich beständig aus der Wassergruft —
Weg, Gespenst, das oft ich winken sah!
Sterne, Sterne, seid ihr nicht mehr da?

Endlich, endlich durch das Dunkel bricht —

[鑑賞]　夕闇，黒い水，青ざめてみえる生命，葦（三途の川の渡
守を暗示する），近い深淵（水底）——これらすべては死の世界
を表現している。そしてこの詩の中心である第三節では，水底
から詩人を呼ぶ声が聞えてくる。その声はなつかしい母親の声。
詩人の母親は湖水に身を投じて自ら生命を断ったこともあって，
詩人にとって水と死と母親は一つのものである。詩人は水の中
からの圧倒的な死の誘惑におそれおのゝく。そしてようやく輝

10. 蒸 暑 さ

どんより曇ったま\蒸暑い夏の日が消えて行った。
にぶく，もの悲しく，わたしの櫂の音がひゞく——
星よ，星よ——日が暮れたというのに——
星よ，どうしてまだ現われないのだろう。

いのちは青白く，岩壁も色褪せた。
葦よ，何をそんなに不遠慮に不安げにさゝやくのか。
空は遠く，深淵は近い——
星よ，どうしてまだ現われないのだろう。

なつかしい，なつかしい声が
水底の墓あなからたえずわたしを呼んでいる——
失せろ，幻よ，おまえの手招きは何度も見た。
星よ，星よ，もう二度と現われないのか。

あゝようやく，闇を破って——

きはじめた小さな星の光によって巨大な不安から救われる。常
に死と隣り合っている詩人の心の，いわば絶対的な不安そのも
のが，こゝにはそのまゝ描き出されている。
[注] 1) **verglomm:** verglimmen 「次第に消えていく」の
過去。 5) **das Leben:** 湖畔の人家，樹木，草原等生命の
いとなみを指している。 Bleich ist das Leben と補って読む。
11) **das:** Gespenst にかゝる関係代名詞で，winken の四格主

Es war Zeit! — ein schwaches Flimmerlicht —

15 Denn ich wußte nicht wie mir geschah.

Sterne, Sterne, bleibt mir immer nah!

語。 14) **es:** 非人称主語。第一節 3 行目の es も同じ。 15)
wie mir geschah: 「私はどうなるのか」副文，wie の前にコ

長い時間だった——ちらちらとかすかな光——
どうなるのかとわたしは夢中だったのだ。
星よ，星よ，いつまでもそばに居ておくれ。

ンマを補って読むとよい。 geschah は geschehen の過去，主文
の時制との関係から過去になっている。

11. Eingelegte Ruder

Meine eingelegten Ruder triefen,
Tropfen fallen langsam in die Tiefen.

Nichts das mich verdroß!   Nichts das mich freute!
Niederrinnt ein schmerzenloses Heute!

5 Unter mir — ach, aus dem Licht verschwunden —
Träumen schon die schönern meiner Stunden.

Aus der blauen Tiefe ruft das Gestern:
Sind im Licht noch manche meiner Schwestern?

[鑑賞] 漕ぎやめた詩人の胸は，生に対する失望でいっぱいである。今日一日，また何事も起らなかった。だがそれに対して水の中では，詩人の一生の美しい部分がすでに夢見ていて，櫂のしずくがゆっくり水底へ落ちて行くほどに，水は密度の大きい重いものになっている。しかも水中からは残余の現在の時間をも呼び寄せる声が聞えてくる。水は勿論過去と死の比喩である。詩人にとって過去と死の領域は，すでに現在と生のそれよりも広く，その密度も大きい。現在と生には，痛みも喜びもなく，

— 34 —

11.　納められた櫂

わたしの納められた櫂からしずくが落ちて行く。
ゆっくり，深いところへ落ちて行く。

腹立たしいこともなく，嬉しいこともなかった。
痛みのない「今日」という日が滴り落ちて行く。

下を見ると――あゝ，光の中から消え失せて――
わたしの一生の美しい時間たちが，もう夢みている。

青い水底から「昨日」が叫ぶ，
「光の中にまだわたしの妹たちが何人か残っていますか」

　　過去と死にこそのっぴきならぬ重大な意味があるわけである。
　　この詩は前出の 》Die toten Freunde《 や 》Schwüle《 よりも，
　　マイヤーにおける「水」の性質をいっそうはっきり示している。
[注]　3)　**das:**　関係代名詞，先行詞は nichts。次の das も同
じ。nichts, das... とコンマを入れて読むとよい。　4)　**nieder-
rinnt:**　分離前つづり nieder「下へ」を強調するため，文頭に
出してある。　5)　**aus dem Licht verschwunden:**　分詞
句。副文的な働きをする。

12.　Ein bißchen Freude

Wie heilt sich ein verlassen Herz,
Der dunkeln Schwermut Beute?
Mit Becher-Rundgeläute?
Mit bitterm Spott?　Mit frevlem Scherz?
5　Nein.　Mit ein bißchen Freude!

Wie flicht sich ein zerrißner Kranz,
Den jach der Sturm zerstreute?
Wie knüpft sich der erneute?
Mit welchem Endchen bunten Bands?
10　Mit nur ein bißchen Freude!

Wie sühnt sich die verjährte Schuld,
Die bitterlich bereute?
Mit einem strengen Heute?
Mit Büßerhast und Ungeduld?
15　Nein.　Mit ein bißchen Freude!

[鑑賞]　軽い諧謔調の詩で，内容的にも解りやすい。少しの喜び
さえあれば，人生のさまざまな不幸や苦しみも越えられるとい
う内容は，やゝ教訓的にひゝくかも知れないが，実際マイヤー
は，何度もこのようにして苦しみを越えてきた経験によって，
胸から溢れ出る卒直な生命の喜びの効用を知っていたに違いな
い。その人生の知恵が完全にとゝのった形式で，歌謡風に軽や
かに言われているところが素晴らしい。

12. 少しばかりの喜びで

暗い憂鬱のとりこになった
淋しい心は，どうしたらなおるのでしょう。
めぐる盃のひゞきによってでしょうか。
刺すような嘲けりによってでしょうか。それとも放埒な冗
　談で？
いゝえ，少しばかりの喜びで。

不意に嵐に吹き散らされ
ばらばらになった花環は，どのように編めばよいのでしょ
　う。
新しい花環は，どのように結べばよいのでしょう。
色とりどりのリボンのどの端で？
ほんの少しばかりの喜びで。

苦々しく後悔の思いを重ねた
古い過ちは，どのように償えばよいのでしょう。
厳しい今日によってでしょうか。
少しも待てずすぐ償なおうとする気持によってでしょうか。
いゝえ，少しばかりの喜びで。

[注] **ein bißchen:** 「少しの」1) **verlassen:** verlassenes
形容詞の語尾が省かれている。 3) **Rundgeläute:** Runde
「酒宴の一座」＋Geläut「鈴などの音」6) **flicht:** flechten
の三人称単数現在，sich flechten で「編まれる」7) **jach:**
jäh「突然の, 不意の」14) **mit Büßerhast und Ungeduld:**
mit der Hast und Ungeduld eines Büßers

13.　Im Spätboot

Aus der Schiffsbank mach ich meinen Pfühl,
Endlich wird die heiße Stirne kühl!
O wie süß erkaltet mir das Herz!
O wie weich verstummen Lust und Schmerz!
5　Über mir des Rohres schwarzer Rauch
Wiegt und biegt sich in des Windes Hauch.
Hüben hier und wieder drüben dort
Hält das Boot an manchem kleinen Port:
Bei der Schiffslaterne kargem Schein
10　Steigt ein Schatten aus und niemand ein.
Nur der Steurer noch, der wacht und steht!
Nur der Wind, der mir im Haare weht!
Schmerz und Lust erleiden sanften Tod:
Einen Schlummrer trägt das dunkle Boot.

[鑑賞]　暗い湖上に船で出て行くテーマは，すでに二・三度見て
きた。この詩も一見夜の情景が写実的に描かれているように見
える。6 行目などの音のならべ方は，煙突の煙が風になびくさ
まを彷彿とさせる巧みな描写だ。だが時々奇異の感を抱かせる
表現（3・4及び 13 行等）があることから，この詩も単なる情
景の描写でないことがわかる。夜の船は生の岸辺から黒い水の
上へ，死の領域へ詩人を運ぶ。するとようやく額は冷え，心も
冷え，喜びも苦しみも沈黙して生は後退し，眼に映じるものは
黒い煙突，黒い人影，黒い船など，黒づくめとなる。詩人はこ

— 38 —

13. 夜の船で

船のベンチを寝床にする。
熱い額もとうとう冷えてくる。
あゝ，心が快く冷える。
あゝ，喜びも苦しみもやさしく黙りこむ。
頭上には煙突の黒煙が
かすかな風に揺れたり曲ったり。
こちら岸，また向う岸と，
船はいくつもの小さい港にとまる。
船灯のほのかな光に
影ひとつ降りて行き，乗る者はいない。
目ざめて立っているのは舵取りだけ。
風だけがわたしの髪を吹きぬける。
苦しみも喜びもおだやかに死んでいく。
まどろむひとりの男を乗せて夜の船は行く。

こで生の倦怠に身をまかせ，死の国の渡し守り (der Steurer,
11行目) に導かれて死の真只中を通る生を体験するのである。
[注] 1) **aus…mach ich…:** A aus B machen「B から A
を作る，B を A にする」 1) **Pfühl:** 詩語，Bett。 3) **wie
süß…:**「何と快く…なのだろう」感嘆文，次の wie weich…
も同じ。 6) **sich:** wiegen と biegen の両方にかゝる。sich
wiegen「ゆれる」 sich biegen「曲る」 9) **der Schiffs-
laterne:** 二格でうしろの語にかゝる。bei dem kargen Schein
der Schiffslaterne に同じ。

14. Vor der Ernte

An wolkenreinem Himmel geht
Die blanke Sichel schön,
Im Korne drunter wogt und weht
Und rauscht und wühlt der Föhn.

5　Sie wandert voller Melodie
Hochüber durch das Land,
Früh morgen schwingt die Schnittrin sie
Mit sonnenbrauner Hand.

[鑑賞] 4 つの抑揚格をもつ詩行 (Vers) と 3 つの抑揚格をも
つ詩行 (Vers) が交互に並び，脚韻が ab ab と整っていて，
大変調子がよい。一種の民謡調である。表現は完全に写実的で
作者の姿はどこにも感じられない。ところで謎解きめいた言い
方だが，この詩には 6 つの鎌 (Sichel) の形，つまり一種のア
ーチが描き込まれていて，読者に刈入前夜の幾分高揚した朗ら
かな気分を身近かに感じさせる。 その 6 つとは (1) 天そのも
ののアーチ形 (2) 麦畑の地平線が描くアーチ形 (3) 三日月の
アーチ形 (4) 月が空に描く軌道のアーチ形 (5) 鎌のアーチ
形 (6) 麦刈女が振う鎌の軌道のアーチ形。 Sichel そのものが

14. 刈り入れのまえ

雲ひとつない空に美しく
磨ぎすました鎌のような月が行く。
地上の穂なみに南風，
波立ちざわめき吹きぬける。

月は節まわしも楽しげに，
高くはるかに地を渡る。
あれは明日の朝まだき
麦刈女が陽焼けした手に振う鎌。

刈入前夜のすべてを表現し，その Symbol となっているわけ
である。大変芸の細かい，マイヤー芸術のだいご味を充分に味
わせてくれる作品である。
[注] 1) **wolkenrein:** 「雲がない」rein von Wolken. 2)
schön: うしろから Sichel にかゝる形容詞。韻律の関係からう
しろにおかれたのであろう。 4) **wühlt:** wühlen 「掘返す」
風が穂並の中にもぐって掘返すように吹くことを言っている。5)
Sie: Sichel をうける。7 行目の sie も同じ。6) **hochüber:**
「はるかに高く，高々と」7) **früh morgen:** 普通は用いられ
ない形。morgen früh.

— 41 —

15. Auf Goldgrund

Ins Museum bin zu später
Stunde heut ich noch gegangen,
Wo die Heilgen, wo die Beter
Auf den goldnen Gründen prangen.

5 Dann durchs Feld bin ich geschritten
Heißer Abendglut entgegen,
Sah, die heut das Korn geschnitten,
Garben auf die Wagen legen.

Um die Lasten in den Armen,
10 Um den Schnitter und die Garbe
Floß der Abendglut, der warmen,
Wunderbare Goldesfarbe.

[鑑賞] 前出の 》Die Jungfrau《 と同じように，この作品もマイ
ヤーにおける Kunst と Leben の関係をよく示している。マ
イヤーにとって現実はそれだけでは芸術になり得ず，その温か
さ，直接性，一時性を失って，冷やかさ，客観性，不変性を得
てはじめて永遠の存在としての芸術の領域に入ってくる。そし
て現実を芸術の領域に導き入れる働きをするものは，彼の場合
しばしば，すでに出来上っている芸術作品である。こゝには農
民の力づよい生活が，美術館で見た絵画の仲介によって一つの
芸術作品に結晶する経過がはっきり描かれている。また 》Die
Jungfrau《 の終りに「けがれなき神の思い」と言われている

— 42 —

15. 金 の 地 に

今日おそい時間ではあったが
私は美術館に出かけた。
聖者たちと祈る人々とが
金地にきらびやかに輝いていた。

それから暑い夕焼けに向って
畠を歩いて行くと，
今日刈り入れを終えた人々が
麦束を車に積んでいた。

腕にかゝえた荷物のまわりに，
刈り手や麦束のまわりに，
燃えるような夕焼けのすばらしい
金色が流れていた。

のに対応するかの ように，こゝでも最終節で ,,von heilger
Würde" と言われているところから，マイヤーにとって 芸術
とは現実の世界とは反対の，清らかな敬虔なものであることが
うかゞわれる。
[注] 2) **ich:** 韻の関係で語順が不自然になっている。 3)
wo: 関係副詞，Museum にかゝる。 7) **die:** 先行詞が含
まれている関係代名詞。普通の用法ではない。diejenigen, die…
に同じ。 8) **legen:** sah の目的語で，関係代名詞 die の先
行詞（この die に含まれている）が，この語の四格主語となる。
11) **der Abendglut:** 二格で次の Goldesfarbe にかゝる。der

— 43 —

Auch des Tages letzte Bürde,
Auch der Fleiß der Feierstunde
War umflammt von heilger Würde,
Stand auf schimmernd goldnem Grunde.

---

warmen (Abendglut) とくりかえされている。15) **war um-
flammt:** 状態の受働。umflammen は「あるもののまわりで

一日の最後の骨折りも，
仕事じまいの精励も，
神聖な荘厳の焔に包まれ，
きらめく金地の上にあるのだった。

（四格）火が焔をあげて燃える」

16. Requiem

Bei der Abendsonne Wandern
Wann ein Dorf den Strahl verlor,
Klagt sein Dunkeln es den andern
Mit vertrauten Tönen vor.

Noch ein Glöcklein hat geschwiegen
Auf der Höhe bis zuletzt.
Nun beginnt es sich zu wiegen,
Horch, mein Kilchberg läutet jetzt!

[鑑賞]　夕暮の落着いた安らかな気分を非常によく表わしている
詩だ。印象派の絵画を見るような気がする。日没に鳴りわたる
鐘の音は vorklagen という語から解るように，光が失われた
ことに対する悲しみと不安を表わしているが，しかし同時にま
た鐘の音は人の心に慰めと安らぎを与える。それは過ぎ去った
今日という日のための鎮魂歌なのだ。だがこゝに描かれている
のはたゞそれだけではない。広がって行く夕闇，次第に小さく
なって最後に消えてしまう光の部分，そして教会の鐘の音，そ
れはそのまゝ死と生と永遠の安息を告げる鐘の音に対応する。
しかも第二節では，詩人の住むキルヒベルクの闇に没する様子
だけが描かれていることから考えると，この小さな詩にも，詩
人の死に対する不安と，永遠からの呼び声としての鐘の音に虚
心に従おうとする気持が，はっきり示されている。詩人自身の

16. 鎮 魂 歌

夕日が移り
村から日差しが消えると，
心にしみいる鐘のひゞきが
村から村へ悲しく日暮れを告げる。

もうひとつ，丘の上の鐘だけが
いつまでも黙っていた。
いまそれが揺れはじめる。
ほら，わたしのキルヒベルクの鐘が鳴っている。

　ための鎮魂歌とも言えよう。
[注] **Requiem:** 　発音 [réːkviɛm]　元来はカトリックの死
者のための鎮魂ミサ。　1)　**der Abendsonne:** 　二格で
Wandern にかゝる。2)　**Wann:** 関係副詞，古形，wo に同じ。
Wandern にかゝる。　3)　**sein Dunkeln:** Dunkeln は動作
名詞，「村が暗くなること」3)　**es:** ein Dorf をさす。 主語。
3)　**den andern:** 　den andern Dörfern と補って読む。　5)
geschwiegen: 　次行の　zuletzt　のあとにくるのが正しい語順。
8)　**Kilchberg:** 　チューリヒ市に隣接する，チューリヒ湖西岸
の小村。小さな山全体が村になっていて，その一番高い所に教会
があり，その墓地にはマイヤーの墓がある。マイヤーは結婚後一
生この村に住んでいた。

— 47 —

17. Abendwolke

So stille ruht im Hafen
Das tiefe Wasser dort,
Die Ruder sind entschlafen,
Die Schifflein sind im Port.

5 Nur oben in dem Äther
Der lauen Maiennacht,
Dort segelt noch ein später
Friedfertger Ferge sacht.

Die Barke still und dunkel
10 Fährt hin in Dämmerschein
Und leisem Sterngefunkel
Am Himmel und hinein.

[鑑賞]　各々の Vers が 3 つの抑揚格（Jambus）をもち，4 行から成る各節は ab ab の脚韻にとゝのえられ，しかも奇数行は女性韻，偶数行は男性韻となっている。完全な民謡形式。一般に Jambus は詩行に柔らかい調子を与えるが，こゝではそれが大変美しい音楽的効果をあげている。内容的には，五月のたそがれの深い安息の気分が，たゞひとひらの雲の動きによっていっそう深められている。このような静けさ，安らかさの表現は，日本の和歌や俳句の表現法などとも一寸通じるところがあるように思われる。　詩人はこの夕雲を Friedfertiger Ferge と名づけているが，その柔らかく軽やかな三つの f の音からも，friedfertig「やわらぎを求める」という形容詞からも，詩人が夕雲に安息の気持を託していることがわかる。そしてその夕雲が，夕空の大きな闇の中のどこかへ吸い込まれるように消え去

— 48 —

17. 夕　雲

港には，深い水，
ひっそりと静まりかえり，
櫂は眠りにおち，
小舟らは憩うている。

たゞ空に，なまあたゝかい
五月の夜の霊気の中を，
おだやかな渡し守りひとり，
なおもしずしず舟をやる。

小舟は走る，静かに暗く，
たそがれのほの暗さのなか，
星くずかすかにきらめくなか，
空を渡り吸い込まれるように消えていく。

るのは，この巨大な闇，つまり死こそが安息の根源であること
を表現しているのであろうか。friedfertig という形容詞につい
ては，マタイ伝第 5 章 9 節に ,,Selig sind die Friedfertigen;
denn sie werden Gottes Kinder heißen.“ 「やわらぎを求め
る者は幸いなるかな。その人は神の子ととなえられん」とある
が，この詩の ,,friedfertig“ にもこれと同じような気持がこめ
られていて，それが作品全体に深い安息の気分を定着させてい
るように思われる。

[注] 1) **stille:** still の古形。韻をとゝのえるために古形が
用いられたのであろう。4) **Port:** 詩語「港」Hafen に同じ。
8) **friedfertger:** friedfertiger の i が省かれている。　9)
still und dunkel: うしろから die Barke にかゝる形容詞。
12) **am Himmel und hinein:** 意味上 fahren にかゝる。

18. Mein Stern

Oft in meinem Abendwandel hefte
Ich auf einen schönen Stern den Blick,
Zwar sein Zeichen hat besondre Kräfte,
Doch bestimmt und zwingt er kein Geschick.

5 Nicht geheime Winke will er geben,
Er ist wahr und rein und ohne Trug,
Er beseliget und stärkt das Leben
Mit der tiefsten Sehnsucht stillem Zug.

Nicht versteht er Gottes dunkeln Willen,
10 Noch der Dinge letzten ewgen Grund,
Wunden heilt er, Schmerzen kann er stillen
Wie das Wort aus eines Freundes Mund.

[鑑賞]　こゝに歌われている星が，愛の星，金星 (Venus) であ
ることは一読して明らかであろう。しかし詩人自身がその名を
知ろうと思わないと言っているように，実際名前はどうでもよ
いことだ。たゞこゝに言われていることから，この星が詩人に
とって愛を意味することは明らかである。しかもそれは燃える
ような激しい愛ではなく，遠くにありながら苦痛からの回癒と
慰めの力を与える静かな深い愛である。詩人の死んだ母親や恋
人が，思い出の中ではじめてその本当の姿で，つまり愛そのも
のとなって現われ，詩人はそれにはげしい憧れを感じ引きつけ

— 50 —

18. わ た し の 星

夕暮れの散歩のときに
わたしはときどきひとつの美しい星に眼をとめる。
それは光に特別な力があるが，
運命を決めたり強いたりはしない。

それは秘密の合図を送ろうとせず，
真実で，純粋で，偽りなく，
深い憧れによって静かに引き寄せて
いのちを幸福にし力づけてくれる。

それは神のはかり難い意志を告げるのでもなく，
ものごとの究極永遠の根拠を言うのでもないが，
友の口から出た言葉のように
傷をいやし，痛みを鎮めてくれる。

られるが，愛する人そのものは最早存在せず，たゞ純粋な愛だ
けが詩人の心の中に生きて，彼を導くのである。星はマイヤー
にとってそのような愛の Symbol であると言えよう。
[注] 1) **Abendwandel:** Abend「夕方」＋Wandel「散歩」
Wandel は古形で das Wandeln「散歩すること」 2) **auf et.⁴
den Blick heften:** 「あるものをじっと見詰める」 3)
zwar—, doch...:「なるほど—だが，しかし...」 3) **Zei-
chen:**「合図」こゝでは星の光を言っている。 4) **er:** der
Stern を指す。 9) **nicht—noch...:**「—でもなく...でもな

In die Bangnis, die Bedrängnis funkelt
Er mit seinem hellsten Strahle gern,
Und je mehr die Erde mählich dunkelt,
Desto näher, stärker brennt mein Stern.

Holder!　Einen Namen wirst du tragen,
Aber diesen wissen will ich nicht,
Keinen Weisen werd ich darum fragen,
Du mein tröstliches, mein treues Licht!

い」 13) **Bangnis:** Angst 15) **je mehr**...: je ＋ 比較級～
(副文)，desto ＋ 比較級... (主文)「～すればするほど，それだ
けますます...だ」 15) **mählich:** 古形，allmählich「次第に」
17) **Holder:** 形容詞 hold の名詞化，呼びかけ。17) **einen**

そのきらめきは不安のなかへ，悩みのなかへ，
このうえなく明るい光を送り込んでくれる。
そして地上が次第に暗くなるにつれて，
わたしの星はますます近く強く輝きだす。

やさしい星よ，君には名があるのだろう。
だがその名をわたしは知ろうとは思わない。
賢者にそれを尋ねようとは思わない。
わたしの慰めの忠実な光よ。

Namen tragen: einen Namen haben 19) **Weisen:** 形
容詞 weise の名詞化。 19) **darum:** um den Namen. jn.
um et. fragen「ある人にあることを尋ねる」

— 53 —

19. Wanderfüße

Ich bedacht' es oft in diesen Tagen,
  Meinem flüchtgen Wandel zu entsagen;
Doch was fang ich an mit meinen Füßen,
  Die begehren ihre Lust zu büßen?
5 Von den ruhelosen Jugendtrieben
  Sind mir meine Füße noch geblieben,
Schreitend mit dem Lenz und seinen Flöten,
  Schreitend durch die Sommerabendröten,
Rasch vorüber den gefüllten Kufen,
10 Gleitend auf des Winters weißen Stufen
  Über die verschneite Jahreswende,
  Rastlos schreitend ohne Ziel und Ende!
Längst beschrieb die Stirne sich mit Falten,
  Doch die Füße wollen nicht veralten,
15 Ihren Stapfen tritt auf Waldeswegen
  Meiner Jugend Wanderbild entgegen,

[鑑賞]　老人になって額にしわが刻み込まれ，若い時代のさまざ
まな欲求が消えてしまっても，詩人の足だけは，あちこち目的
もなく出歩くことを止めない。今日もまた森の道を行くと，一
歩毎に若い時代もこうだったことが思い出され，足はますます
快調に動いて行く。旅する足は勿論詩人の一ヶ所に留まること
を知らない心の動きを表現している。マイヤーの心は，この世
の現実の中に落着く場所を見出すことが出来ず，詩人は自分
を「歩いて旅するようにと呪われている者」と呼ばざるを得な

19.　さすらい行く足

この頃わたしはときどき
あてどないさすらいをもう止めようと考えた。
だがその喜びを満たそうと
望んで止まないこの足をどうしよう。
憩いを知らぬ若き日の数々の欲求のうちから
この足がまだ残っている。
春とその笛にあわせて歩いた足。
夏の夕焼けの中を歩いた足。
満々のぶどう桶のそばを足早に通りすぎ,
冬の白い階段を滑って
雪におゝわれた年の瀬を越え,
休みなく目あてもおわりもなく歩いた足。
額にはとうに皺が刻まれたが
足は弱る気配もない。
森の道に一歩一歩足あとをしるせば,
わたしの若き日の旅の姿が出迎える。

いのである。
[注] 2) **entsagen:** 「諦める」三格支配　3) **mit et. an-fangen:** 「あるものを…する」　7) **schreitend…:** meine Füße (6 行目) を修飾する副文が分詞句によって短縮された形。12 行目まで同じ。　9) **vorüber:** 三格と結合しているのは古い形。現在では an または bei jm. (et.³) vorüber として用いる。9) **Kufe:** Braubottich「醸造桶」13) **beschrieb:** sich beschreiben「描き込まれる」beschreiben の再帰化。15) **ihren**

— 55 —

Durch das leichte Paar, das stets entflammte,
Bin ich der zum Reiseschritt Verdammte!
Finden möcht' ich ohne Sterbebette
20 Meinen Füßen eine Ruhestätte...

Stapfen: ihr は Füße をうける。三格で次の entgegentreten
の目的語。 18) **der ... Verdammte:** 動詞 verdammen の

絶えず燃えつゞけた，このふたつの軽い足のために，
わたしは旅から逃れられぬ定めを負うた者。
死の床に着くまえに，この足に
憩いの場を見つけてやりたいのだが…

過去分詞の名詞化，der はその定冠詞。

20.　Die Veltlinertraube

Brütend liegt ein heißes Schweigen
Über Tal und Bergesjoch,
Evoe und Winzerreigen
Schlummern in der Traube noch.

5　Purpurne Veltlinertraube,
Kochend in der Sonne Schein,
Heute möcht' ich unterm Laube
Deine vollste Beere sein!

Mein unbändiges Geblüte,
10　Strotzend von der Scholle Kraft,
Trunken von des Himmels Güte,
Sprengte schier der Hülse Haft!

Aus der Laube niederhangend,

[鑑賞]　マイヤーは小説「ユルク・イェナッチュ」を書くために，その舞台となるヴェルトリーン地方をしばしば訪れている。彼はスイスのグラオビュンデン地方 (Graubünden) やその南につらなるヴェルトリーン地方のやゝ荒々しい自然と素朴な人情を好んでいたようである。この詩には，大きな黒ぶどうの実に託して，自分も自然の恵みをうけて，自然の一片になりたいという願望が述べられているが，充実した瞬間に対する詩人の憧れが，前出の詩 》Fülle《 よりも直接的に表現されている。

20. ヴェルトリーンのぶどう

蒸すように暑い沈黙が
谷と山の背にたてこめている。
バッカス祭の歓声もぶどう摘みの輪舞も
まだ房の中でまどろんでいる。

太陽の光の中でたぎっている
深紅のヴェルトリーンのぶどうの房よ，
今日わたしは葉のかげで
おまえの一番ふくらんだ実になりたい。

するとわたしの全身の血は
土の力に満ち溢れ，
天の恵に酔って，
皮の束縛を破らんばかりにたぎりたつことだろう。

ぶどう棚から垂れ下り，

[注] **Veltliner:** Veltlin の形容詞で， Veltlin は北イタリヤ
のアダ河（ポー河の支流）上流渓谷地帯の名称。コモ湖の東側の
小地域でスイス国境に接している。ぶどう栽培が盛んで，よいぶ
どう酒が作られている。3) **evoe:** 発音 [éːvoe] 間投詞，ギリ
シャのバッカス祭の歓声。 10) **strotzend:** Geblüte を修飾
する。von～strotzen で「～で充ちている」12) **sprengte:** 接
続法第二式，仮定をあらわしている。 12) **schier:** 「ほとん

— 59 —

Glutdurchwogt und üppig rund,
Schwebt' ich dunkelpurpurprangend
Über einem roten Mund!

ど」14) **glutdurchwogt:** von der Glut durchwogt 「情熱
にすっかり充たされて」 15) **schwebt':** schwebte 接続法第

熱くはちきれそうにまるまると，
わたしは黒紫色に輝きながら
赤い唇の上に漂うことだろう。

二式，前出の sprengte と同様，仮定をあらわしている。

21. Neujahrsglocken

In den Lüften schwellendes Gedröhne,
Leicht wie Halme beugt der Wind die Töne:

Leis verhallen, die zum ersten riefen,
Neu Geläute hebt sich aus den Tiefen.

5   Große Heere, nicht ein einzler Rufer!
Wohllaut flutet ohne Strand und Ufer.

[鑑賞] こゝに描かれているのは，たゞ空いっぱいに鳴りわたる
鐘の音だけである。完全な音の世界がいわば彫塑的にとらえら
れていて，耳と眼の二つの感覚が一つに融け合っているような
印象を与えられる。表題以外にはどこにも，これが除夜の鐘で
あることを示している語句はないが，永遠の世界からの呼び声
(rufen, Rufer という語が用いられている) である鐘の音が，
波のようにとうとうと寄せてくるさまは，地上的な時間を越え
た無限に豊かな全一の世界，絶対の世界とでも言うべきものを
暗示しているようである。詩人はこゝに開かれたその絶対の世
界で魂を深められて，新しい年を迎えるのであろう。なおこの
作品は，音だけを表現した詩として前出の 》Nachtgeräusche《

21. 除 夜 の 鐘

大空に湧きあがる鐘のひゞき。
茎のように軽く，風が音色を撓める。

はじめの音が静かに消えて行くと，
新たな音が深いところから上ってくる。

大集団だ。ひとつびとつの音ではない。
美しいひゞきはどこまでも限りなく溢れ流れて行く。

を思い出させるが，音が押し寄せてくるさまの表現として，そこでも fluten という語が用いられていた。すべてを覆いつくすものの表現としての「水」は，マイヤーにおいて常に死と永遠につながって行くのである。
[注] 1) **Lüften:** Luft のpl. Lüfte は詩的な表現でしばしば用いられる。 1) **schwellendes:** schwellen「(音が) 大きくなっていく」 3) **die:** 関係代名詞で，こゝでは先行詞がこの語に含まれている形になっている。 diejenigen, die と同じ。 3) **zum ersten:**「最初に」 4) **neu:** neues. 中性一格の格語尾が省かれている。 5) **einzler:** einzelner「個々の，ひとつびとつの」

— 63 —

22. Das weiße Spitzchen

Ein blendendes Spitzchen blickt über den Wald,
Das ruft mich, das zieht mich, das tut mir Gewalt:

《Was schaffst du noch unten im Menschengewühl?
Hier oben ist's einsam!   Hier oben ist's kühl!

5 Der See mir zu Füßen hat heut sich enteist,
Er kräuselt sich, flutet, er wandert, er reist,

Die Moosbank des Felsens ist dir schon bereit,
Von ihr ist's zum ewigen Schnee nicht mehr weit!》

Das Spitzchen, es ruft mich, sobald ich erwacht,
10 Am Mittag, am Abend, im Traum noch der Nacht.

So komm ich denn morgen!   Nun laß mich in Ruh!
Erst schließ ich die Bücher, die Schreine noch zu.

[鑑賞]　マイヤーは故郷のアルプスの山々を非常に愛し，しばし
ば一人で山中を歩きまわったりもした。そして彼の自然感情は
主としてアルプスによって養われた。この詩にも雪をいたゞく
山への憧れが歌われている。白く輝く尖峯，氷が融けたばかり
の湖，家畜の群の鈴の音，そして矢も楯もたまらぬ山への憧れ。
山国スイスの詩人ならではの感情が充分に歌いこめられている
と言えよう。　Daktylus（揚抑抑格）の韻律も美しい。

22. 白 い 尖 峯

眩く輝く尖峯が森を見下している。
それはぼくを呼び，ぼくを引き寄せ，ぼくの心をとりこに
　　する——

「君はまだ下界の人間どもの間で何をしているのだ。
この山上には誰も居ない。こゝは冷しいのだよ。

麓の湖の氷は今日融け，
湖面にはさゝなみが立ち，水はあふれ流れ旅して行く。

岩の苔むしたベンチはもう君を待っている。
そこから万年雪のところまでもう遠くはない」

尖峯は，ぼくが目を覚ますと，すぐ呼びかけてくる。
ひるにも，夕方にも，夜の夢の中でさえ。

ではぼくは明日行こう。今はそっとしておいてくれ。
ぼくはまず本を閉ぢ，それから戸棚を閉ぢる。

[注] 2) **das tut mir Gewalt**: jm. Gewalt tun 「ある人に
対し力をふるう」 3) **schaffen**: 「行う，する」 4) **ist's**:
ist es. es は非人称主語。 5) **mir zu Füßen**: 「わたしの
足もとに」 6) **er**: der See をうける。 8) **ist's**: ist es. es
は非人称主語。 9) **es**: das Spitzchen をうけて，くりかえし
ている。 11) **so...denn**: 「そういうわけで，それでは」 14)

— 65 —

Leis wandelt in Lüften ein Herdegeläut:
《Laß offen die Truhen! Komm lieber noch heut!》

---

lieber: 「むしろ…の方がよい」 14) **noch heut…:** noch

大気の中をかすかに家畜の群の鈴の音が漂う——
「長持ちは開けたまゝにしておゝき，今日のうちにいらっ
　　しゃい」

heute「今日中に」

23. Firnelicht

Wie pocht' das Herz mir in der Brust
Trotz meiner jungen Wanderlust,
Wann, heimgewendet, ich erschaut'
Die Schneegebirge, süß umblaut,
5   Das große stille Leuchten!

Ich atmet' eilig, wie auf Raub,
Der Märkte Dunst, der Städte Staub.
Ich sah den Kampf. Was sagest du,
Mein reines Firnelicht, dazu,
10   Du großes stilles Leuchten?

Nie prahlt' ich mit der Heimat noch
Und liebe sie von Herzen doch,
In meinem Wesen und Gedicht
Allüberall ist Firnelicht,

[鑑賞]　これはいわば故郷のアルプスに対するマイヤーの愛と信
仰の告白であろう。第三節後半にそれがはっきり言われている。
万年雪の輝き――その冷たさ，美しさ，人間界の臭気や埃や戦
いにけがされぬ清らかさ，時間を越えた不変の姿――それこそ
マイヤーが自らに求めたものでもあろう。だがそれにしても故
郷はなつかしい。旅から帰った詩人は市場の臭気や町の埃を思
わず胸いっぱい吸い込む。しかしやはり彼にとって故郷も万年
雪の輝きあってのものである。そして彼自身幾らかでもそれに

— 68 —

23. 万年雪の輝き

わたしは若い旅心にはやっていたが，
故郷に帰って，美しく青色に縁どられた
雪の山脈を見たとき，
心はどんなにときめいたことだろう，
　　　あの偉大な静かな輝きを見たとき。

わたしは急いで，奪いとるように，
市場の臭気を，町の埃を吸い込んだ。
わたしは戦いを見た。君はそれを
どう思うだろう。清らかな万年雪の輝きよ。
　　　偉大な静かな輝きよ。

わたしはまだ口に出して自慢したことはないが，
やはり故郷を心から愛しているのだ。
わたしの気質と詩の中には，
到るところに万年雪の輝きがある，

似た存在となって，愛する故郷を永遠に飾りたいと願うのである。
[注] 3) **wann**: 古形， wenn.　3) **heimgewendet**: heimwenden　の過去分詞。「故郷に向って」　4) **umblaut**: umblauen「あるものの周囲を青く染める」の過去分詞。　süß umblaut は die Schneegebirge にかゝる形容句。6) **wie auf Raub**:「急いで，あわてゝ」11) **prahlt'**: mit et. prahlen「あるものを自慢する」14) **allüberall**: überall. all- は強

15　　　　Das große stille Leuchten.

　　　　Was kann ich für die Heimat tun,
　　　　Bevor ich geh im Grabe ruhn?
　　　　Was geb ich, das dem Tod entflieht?
　　　　Vielleicht ein Wort, vielleicht ein Lied,
20　　　　　Ein kleines stilles Leuchten!

調。17)　**ruhn:** bevor ich...ruhen gehe となる。 ruhen
gehen「憩うために行く」 ruhen は gehen に対して副詞的に働

あの偉大な静かな輝きが。

墓の中で静かに憩うまえに，
わたしは故郷のために何が出来るだろうか。
滅びることのない何を与えるだろうか。
おそらくはひとつの言葉，ひとつの歌，
　　ひとつの小さな静かな輝き。

く。

24. Himmelsnähe

In meiner Firne feierlichem Kreis
Lagr' ich an schmalem Felsengrate hier,
Aus einem grünerstarrten Meer von Eis
Erhebt die Silberzacke sich vor mir.

5 Der Schnee, der am Geklüfte hing zerstreut,
In hundert Rinnen rieselt er davon
Und aus der schwarzen Feuchte schimmert heut
Der Soldanelle zarte Glocke schon.

Bald nahe tost, bald fern der Wasserfall,
10 Er stäubt und stürzt, nun rechts, nun links verweht,
Ein tiefes Schweigen und ein steter Schall,
Ein Wind, ein Strom, ein Atem, ein Gebet!

[鑑賞]　早春のアルプスの自然が簡潔に力強く描かれているが，
第三節の後半まで読んでくると，これは単なる自然描写ではな
く，高山の上がマイヤーにとってひとつの象徴となっているこ
とが解る。高山において彼は天に近いことを，神が彼のもとに
あることを感じる。つまり高山はすでに地上の儚い時間を越え
た，神聖な法則が支配し始めるところであり，地上と天上の二
つの領域の境界である。高山の風と静寂の中で彼はいわば永遠
そのものを感じるわけである。頭上を飛ぶはげ鷹は永遠に向っ
て憧れる詩人の魂の象徴であろう。

24. 天 に 近 く

万年雪のおごそかな領域の
岩肌の細い背にわたしは憩う。
眼前には緑色の堅い氷の海から
銀の尖峯がそびえ立つ。

断涯のあちこちにかゝっていた雪は
無数の溝をさらさら流れ,
そして,湿った土の中から,今日すでに,
ゾルダネラのやさしい鐘がきらめいている。

近く,また遠く,滝はとゞろき,
右に左に吹きちらされ飛沫をあげて落ちて行く。
深い沈黙と絶えざるひゞき。
風,流れ,息吹,祈り。

[注] 2) **lagr':** lagern 「横たわっている。休息する」 3)
grünerstarrt:「凝結して緑色に見える」6) **er:** der Schnee
のくりかえし。 6) **davon:** 「去って行く」ことをあらわす副
詞。 rieselt...davon「さらさらと流れ去る」 7) **Feuchte:**
Feuchtigkeit「湿度,水分」 8) **Soldanelle:** Soldanella と
も,Alpenglöckchen とも云い,高山植物の一つ。桜草属。早春
雪の中から生え出て,うす紫色の釣鐘形の花をつける。和名「い
わかがみ」 9) **bald～, bald...:** 「ある時は～,ある時は...」
10) **nun～, nun...:** bald～, bald... 10) **verweht:** ver-

— 73 —

Nur neben mir des Murmeltieres Pfiff,
Nur über mir des Geiers heisrer Schrei,
15 Ich bin allein auf meinem Felsenriff
Und ich empfinde, daß Gott bei mir sei.

---

wehen 「吹き飛ばす」の過去分詞。 16) **sei:** sein の接続法

かたわらには山ねずみの笛のような鳴き声だけ。
頭上にはたゞはげ鷹の嗄れた叫び声。
わたしはわたしの岩の上にたゞひとり，
そして，神と共にあるのを感じる。

第一式，間接説話。

25. Das Seelchen

Ich lag im Gras auf einer Alp,
In sel'ge Bläuen starrt' ich auf —
Mir war, als ob auf meiner Brust
Mich etwas sacht betastete.
Ich blickte schräg. Ein Falter saß
Auf meinem grauen Wanderrock.
Mein Seelchen war's, das flugbereit
Die Schwingen öffnend zitterte.
Wie sind die Schwingen ihm gefärbt?
Sie leuchten blank, betupft mit Blut.

[鑑賞]　魂が蝶によって形象化されているが，これはギリシャ語
の Psyche（「魂」及びその形象としての「蝶」を意味する語）
にならった表現かも知れない。selige Bläuen の selig は，「青
空」の形容詞としては聞き慣れない表現だが，これは Seele
との関係で用いられているものと思われる。この詩は大変象徴
的な作品である。詩人の心は世間一般の欲求や望みを棄てゝ
(grau という色がそれを表現している)，ひたすらより豊かな充
実を求めて止まない (Wanderrock は彼の精神的遍歴を意味す
る)。そして今彼の魂は人間世界の戦いに傷つき (betupft mit
Blut)，高山の牧場から浄福に満ちた青空へ飛び立とうとして

25. 小 さ な 魂

高山の牧場に横たわって
わたしは浄福に満ちた青空を見つめていた——
すると胸の上に何かが
静かにさわっているような気がした。
そっと見ると，一匹の蝶が
わたしの灰色の旅行服の上衣にとまっていた。
それは今飛ぼうとして
羽を拡げてふるえている，わたしの小さな魂だった。
その羽はどんな色をしているのだろう。
それは白く光り，血の斑点がついている。

　ふるえている。詩人の魂が高山において永遠を間近かに感じ，
それが魂の飛翔となって表われる点で，前出の詩 》Himmels-
nähe《 の内容と通じている。
[注] 3) **mir war, als ob**…: Es war mir, als ob…「わた
しは…のような気がした」 7) **flugbereit**: Flug＋bereit
「飛ぶ用意が出来ている」 9) **die Schwingen**: die Schwinge
「羽」の複数。詩語。9) **ihm**: Seelchen をうける。所有の三
格で die Schwingen にかゝる。10) **betupft**: betupfen「～
に斑点をつける」の過去分詞で，文頭の sie を形容している。

26. Ich würd' es hören

Läg' dort ich unterm Firneschein
Auf hoher Alp begraben,
Ich schliefe mitten im Juchhein
Der wilden Hirtenknaben.

5　Wo sonst ich lag im süßen Tag,
Läg' ich in dunkeln Decken,
Der Laue Krach und dumpfer Schlag,
Er würde mich nicht wecken.

Und käme schwarzer Sturm gerauscht

[鑑賞]　この詩では「万年雪」と「鐘」（この場合は家畜の首に
つけられている鈴）の二つのテーマが組み合わされている。す
でに見たように，山上の万年雪のある領域は天と地の境であり，
詩人はそこで自分が神と共にあるのを感じる。そして鐘の音は
永遠からの呼び声であり，雪崩のとゞろきや激しい嵐の音より
もはるかに強く詩人の心を引きつけるのである。こゝではマイ
ヤーの永遠への憧れが，愛するアルプスの大自然に抱かれて
「永遠」と合一する限りなく心豊かな幸福への憧れという形で，
歌われているわけである。この詩は形式が大へんよく整ってお
り，Jambus が作品全体に柔かい，やさしい調子を与え，こ
の調子が内容ともよく調和している。　9・10 行目に [ʃ] 音が
4 度も用いられて激しい嵐の感じを出している点なども，味う
べきところであろう。

[注]　1)　**läg':** läge.　liegen の接続法第二式，仮定。文頭の

— 78 —

26. わたしはそれを聞くだろう

もしわたしが高山の牧場の
万年雪の輝きの下に葬られているならば,
わたしは自然そのまゝの牧童たちの
歓声の真只中で眠っていることだろう。

かつて快い日差しを浴びて横たわったところで,
わたしは暗いふとんにくるまって横たわっているだろう。
雪崩のとゞろきも重いひゞきも
わたしを眠りから起しはしまい。

黒い嵐がごうごうと吹いてきて

---

wenn が省かれて定動詞の läge が文頭に出た形。この詩では接
続法第二式が多く用いられ,すべてが仮定として述べられている。
2) **begraben:** begraben「埋葬する」の過去分詞。läge に
対して副詞的に働いている。3) **schliefe:** schlafen「眠る」の
接続法第二式,仮定。3) **Juchhein:** Juchhe(i) 歓喜をあら
わす間投詞。5) **wo:** 関係副詞。8) **er:** Krach と Schlag
をうけて,くりかえしている。8) **würde:** werden の接続法
第二式,仮定。9) **Und käme:** und wenn...käme「たとえ
...であろうとも」wenn が略された形。9) **käme:** kommen
の接続法第二式,仮定。kommen は場所の移動を意味する自動
詞の過去分詞と共に用いられることがある。こゝでは gerauscht
が rauschen「(風・水などが)ざわざわ(さらさら)音をたて
る」の過去分詞で kommen を修飾している。(例)Eine Kugel

10　　Und schüttelte die Tannen,
　　　Er führe, von mir unbelauscht,
　　　Vorüber und von dannen.

　　　Doch klänge sanfter Glockenchor,
　　　Ich ließe wohl mich stören
15　　Und lauscht' ein Weilchen gern empor,
　　　Das Herdgeläut zu hören.

---

kam geflogen. 「一発の弾丸が飛んで来た」　10)　**schüttelte:**
schütteln「揺る」の接続法第二式，仮定。　11)　**er:** Sturm
をうける。　11)　**führe:** fahren「行く」の接続法第二式，仮
定。11)　**unbelauscht:** un ＋ belauscht (belauschen「聞
き耳をたてる」の過去分詞)　12)　**von dannen:**「去る」こと

—80—

樅の林を揺っても，
それはわたしには聞えずに
吹きすぎて行くだろう。

だが，もしやさしい鈴がコーラスのようにひゞいてくると，
多分わたしは眠りを妨げられ，
家畜の群の鈴の音を聞くために
しばし喜んで耳を傾けることだろう。

を意味する副詞。13) **klänge**: klingen「ひゞく」の接続法第
二式，仮定。14) **ließe**: lassen の接続法第二式，仮定。sich
＋ 不定詞 ＋ lassen で「受動」 15) **lauscht'**: lauschte.
lauschen「傾聴する」の接続法第二式，仮定。 15) **ein Weil-
chen**: 四格で副詞になっている。「しばらくの間」

27. Noch einmal

Noch einmal ein flüchtiger Wandergesell —
Wie jagen die schäumenden Bäche so hell,
Wie leuchtet der Schnee an den Wänden so grell!

Hier oben mischet der himmlische Schenk
5 Aus Norden und Süden der Lüfte Getränk,
Ich schlürf es und werde der Jugend gedenk.

O Atem der Berge, beglückender Hauch!
Ihr blutigen Rosen am hangenden Strauch,
Ihr Hütten mit bläulich gekräuseltem Rauch —

10 Den eben noch schleiernder Nebel verwebt,

[鑑賞] 詩人はひとり山頂から山波重量の風景を見はらし，往き交う霧の中にあって，しきりに旅心をそゝられる。だが霧の間から青空が真近かに現われると，その旅心は永遠への思いであることがはっきりする。詩人の心は鷲の胸の中に運ばれて大空高く舞い上る。空は神の領域である。そして猟師に射たれて空で死ぬなら，それこそ詩人にとってまさに永遠との合一，無限に豊かな世界への帰一である。このように詩人は山頂にあって死と永遠への限りない憧れにとらえられるのである。この詩は旅にひかれる心，心が翼ある鷲に運ばれて飛翔する点，永遠の領域である空への憧れなど，前出の詩 》Das Seelchen《 とほとんど同じ内容をうたっている。また， 》Himmelsnähe《 ,》Ich

27.　も　う　一　度

もう一度身軽な旅の若者になりたいものだ——
泡立つ小川はあのように澄んで飛ぶように流れ，
断涯の雪は何とまばゆく輝いていることだろう。

こゝ山上では，天の酌人が
北と南の風を混ぜあわせて酒を作り，
わたしはそれを啜って若き日を思う。

おゝ，山々の息ずかいよ，心を幸福にする息吹きよ，
枝垂れる灌木に咲く深紅のバラよ，
青白い煙ゆらゆら立ちのぼる山小屋よ——

今の今まで霧のヴェールに包まれていた空が，

---

würd'es hören《 とも内容的に通じ合っている。
[注] 1)　**noch einmal:** アクセントに注意 éinmal. 5)　**der
Lüfte:**　Luft の複数二格がうしろの語にかゝっている。　　6)
gedenk: eines Dinges gedenk sein (werden) という言いま
わしでのみ用いられ「ある事を心に留めている（回想する）」8)
ihr:　呼びかけ，「君たちよ」8)　**blutigen Rosen:** この語
は ihr と同格（つまり一格）なので文法的には blutige が正し
いのであるが，ihr が所有代名詞と錯覚されて，弱変化となって
いる。勿論文法的には誤りであるが慣用されている。10)　**den:**
関係代名詞，先行詞は次行の der Himmel. 10)　**eben noch:**
「つい今まで」10)　**schleiernder:** schleiern, 古語で ver-

— 83 —

Der Himmel, er öffnet sich innig und lebt,
Wie ruhig der Aar in dem strahlenden schwebt!

Und mein Herz, das er trägt in befiederter Brust,
Es wird sich der göttlichen Nähe bewußt,
15 Es freut sich des Himmels und zittert vor Lust —

Ich sehe dich, Jäger, ich seh dich genau,
Den Felsen umschleichest du grau auf dem Grau,
Jetzt richtest empor du das Rohr in das Blau —

Zu Tale zu steigen, das wäre mir Schmerz —
20 Entsende, du Schütze, entsende das Erz!
Jetzt bin ich ein Seliger! Triff mich ins Herz!

---

schleiern「ヴェールをかぶせる」に同じ。10) **verwebt:** verweben「うすい織物で遮断する」の過去分詞。verwebt hat と補って読む。11) **er:** der Himmel のくりかえし。12) **Aar:** 詩語。Adler「鷲」13) **er:** der Aar をうける。 14) **bewußt:**
sich eines Dinges bewußt sein「ある事を知っている，意識して

真近かに親しく開け息ずいている。
光さす空を悠々と漂う鷲の姿よ。

その羽毛に包まれた胸に運ばれるわたしの心,
それは神が近くにあるのを知り,
空を楽しみ, 喜びにふるえている――

あそこに見えるのは確かに猟師,
灰色の地面の上を, 灰色のおまえは岩をまわって忍び寄り,
今銃を青空に向ける――

下降はわたしには堪えられない――
撃て, 射手よ, 弾を撃て。
今こそわたしは至福を得る。わたしの胸に撃ち当てよ。

いる」 15) **vor:** 「...のあまり」原因を示す。 16) **Jäger:**
呼びかけ。次の dich は Jäger をさす。19) **wäre:** 接続法第
二式, 仮定。 21) **ein Seliger:** 形容詞の名詞化,「至福を得
た人」

— 85 —

28.　Venedig

Venedig, einen Winter lebt' ich dort —
Paläste, Brücken, der Lagune Duft!
Doch hier im harten Licht der Gegenwart
Verdämmert mälig mir die Märchenwelt.
5　Vielleicht vergaß ich einen Tizian.
Ein Frevel!　Jenen doch vergaß ich nicht,
Wo über einem Sturm von Armen sich
Die Jungfrau feurig in die Himmel hebt,
So wenig als den andern Tizian —
10　Doch kein gemalter war's — die Wirklichkeit:
Am Quai, dem nächtgen, der Slawonen war's.

[鑑賞]　1871 年の冬から翌年の春にかけてマイヤーは妹のベツ
ィーと共にヴェニスに滞在し，冬のヴェニスの素晴らしい気分
を満喫したが，特に彼はティツィアーンの名画「聖母昇天」に
ひきつけられ，ヴェニス滞在中何度もこの作品の前にたゝずん
だ。この詩には彼がヴェニスで体験した夢幻的な気分が魅惑的
に表現されていると同時に，彼の芸術家としての特徴が鮮やか
に描かれている。彼は，他のティツィアーンの作品は忘れてし
まったが，「聖母昇天」は忘れられないと言っている。つまり
マリアが昇天する死の姿に彼は感銘を受けたのである。またも
う一つ忘れられぬものとして，死によって青ざめた少女の顔が
あげられている。この娘の表情は死によって青ざめたために，
彼にとってティツィアーンの芸術と同様の永遠の美しさを示し
たのである。このことからマイヤーにとって死と芸術と永遠は
同じ領域に属していることがわかる。またこの二つの忘れら

— 86 —

28. ヴ ェ ニ ス

ヴェニス，あの地でわたしはひと冬を過した——
壮大な邸宅，橋，潟の匂い。
だがこゝの現在の無情な光の中で
おとぎの国の姿は次第にうすれていく。
わたしは多分ひとりのティツィアーンを忘れてしまった。
怪しからぬことだ。だがあのティツィアーンを忘れはしな
　　かった。
人々が熱狂してさし出す腕の彼方を
火のように昇天するマリアの絵。
それからもうひとりのティツィアーンも同様に——
だがそれは絵のティツィアーンではなく，本当にあったこ
　　となのだ——
夜の「スラヴォニア人河岸」だった。

れぬものが共に過去に属していることもマイヤーにとって重要
なことである。彼にとっては過ぎ去ったものの中にこそ美と運
命の女神が存在するのであり，これが失われると彼は生の根底
を失うのである。
[注] 4) **mälig:** 古語，詩語。allmählich　5) **Tizian:** イ
タリア・ルネサンス期のヴェニス派の画家ティツィアーノ・ヴェ
チェリオ。1476/7 又は 1489/90—1576.　7) **wo:**　関係副詞。
jenen にかゝる。 jenen は Tizian をさすが，実際には彼の絵
を言っている。 wo 以下で言われている Tizian の絵はヴェニス
のサンタ・マリア・グロリオーサ・デイ・フラーリ寺の中央祭壇
の上にかけられてある「聖母昇天」(1516〜18年作) のことであ
ろう。9) **so wenig als…:**「…も同様に〜でない」6 行目の
vergaß ich にかゝる。11) **Slawonen:**　Slawone の複数。
Slawonier「スラヴォニア人」に同じ。イタリア語の Slavone か

— 87 —

Im Dunkel stand ich.　Fenster schimmerten.

Zwei dürftge Frauen kamen hergerannt.

Hart an die Scheibe preßt' das junge Weib

15　Die bleiche Stirn.　Was drinnen sie erblickt,

Das sie erstarren machte, weiß ich nicht.

(Vielleicht den Herzgeliebten, welcher sie

An eines andern Weibes Brust verriet.)

Ich aber sah den feinsten Mädchenkopf

20　Vom Tod entfärbt!　Ein Antlitz voller Tod!

Die Mutter führte weg die Schwankende ...

Die beiden Tiziane blieben mir

Stets gegenwärtig; löschen sie, so lischt

Die Göttin v o r dem armen Menschenkind.

ら来た語であろう。13) **kamen hergerannt:** hergerannt は
herrennen「こちらへ走ってくる」の過去分詞で kommen に副
詞的にかゝっている。14) **hart:**「ぴったりと」 20) **vom Tod**

わたしは暗がりに立っていた。窓がほんのり光っていた。
ふたりのみすぼらしい女が走ってきた。
若い女が窓ガラスにぴったりと青白い額を
押しつけた。彼女は中に何を見たのか，
凝然と立ちすくんだ。
（多分恋人がよその女の胸に抱かれて
彼女を裏切ったのを見たのだろう。）
とにかくわたしは死によって青ざめた
この上なく優雅な少女の首を見た。死そのものの顔。
娘は母親に連れられてよろめきながら立ち去った……
このふたりのティツィアーンがいつも
わたしの心にやきついていた。彼らが消えてしまうとき
この哀れな人の子の眼前から女神が消えるのだ。

---

entfärbt: 形容句で Mädchenkopf にか丶る。20) **voller...:**
「...で満ちた」形容詞。23) **löschen sie:** wenn sie löschen
24) **vor:** 強調されて字間が離れている。

— 89 —

29. Auf dem Canal grande

Auf dem Canal grande betten
Tief sich ein die Abendschatten,
Hundert dunkle Gondeln gleiten
Als ein flüsterndes Geheimnis.

5   Aber zwischen zwei Palästen
Glüht herein die Abendsonne,
Flammend wirft sie einen grellen
Breiten Streifen auf die Gondeln.

In dem purpurroten Lichte
10   Laute Stimmen, hell Gelächter,
Überredende Gebärden
Und das frevle Spiel der Augen.

[鑑賞]　ヴェニスの大運河の夕暮の様子が無駄のない筆で写実的
に描かれており，イタリア人のかしましい哄笑や歌声が聞えて
くるような気さえする。だがこの詩で重要なのは，やはり夕暮
の影と一つの光の帯の関係であろう。第三・四節から解るよう
に，生命はほんの短い光の帯の中でだけ活発に営まれ，影の中
では殆ど消えてしまっている。つまりこゝには広大な死の領域
と小さな生の領域が描かれているのである。そしてゴンドラの
黒い色は生につけられた死の印。このように見てくると，この
詩の構図は前に見た詩　》Schwarzschattende Kastanie《　と
大へんよく似ていることが解る。また光が夕方のぎらぎらする

—90—

29. 大運河の上に

大運河の上に
夕暮れの影は深く宿り，
数知れぬ黒いゴンドラが
さゝやく秘密のように滑っていく。

だがふたつの館の間から
夕陽があかあかとさし込み，
ぎらぎらする幅広い光の帯を
激しくゴンドラの上に投げつける。

その真赤な光の中に
大声，甲高い哄笑，
説き伏せようとする身振り，
眼と眼の厚かましい戯れ。

どぎつい光であることも大へん印象的である。それは，生命は
短く情熱的でしかも往々にして放埓なものであることを言って
いるのであろう。このように生と死の関係が描き込まれている
ことによって，大運河の風景が普遍性と深みを得ているわけで
ある。
[注] 1) **Canal grande:** ヴェニス市街を逆 S 字状に貫流す
る大きな運河で，この市の交通の大動脈的存在。1〜2) **betten...
sich ein:** sich einbetten「深く埋められる」 4) **als:** wie
10) **hell:** helles Gelächter 中性の格語尾が省かれている。

Eine kurze kleine Strecke
Treibt das Leben leidenschaftlich
Und erlischt im Schatten drüben
Als ein unverständlich Murmeln.

---

13) **eine kurze kleine Strecke:** 四格。副詞的に用いられて
いる。16) **als...:**「...として，...となって」同格を示す。 16)

短い小さい区間だけ
いのちは熱っぽく漂い流れ，
その向うの影の中では
はっきりしないつぶやきとなって消えている。

---

unverständlich: unverständliches Murmeln.　中性の格語
尾が省かれている。

30.　Der römische Brunnen

Aufsteigt der Strahl und fallend gießt
Er voll der Marmorschale Rund,
Die, sich verschleiernd, überfließt
In einer zweiten Schale Grund;
Die zweite gibt, sie wird zu reich,
Der dritten wallend ihre Flut,
Und jede nimmt und gibt zugleich
　　Und strömt und ruht.

5

[鑑賞]　この詩はローマのボルゲーゼ公園の噴水を純粋に視覚的
に言葉にうつすことによって出来上っている。まず第一行目に
は噴き上げる水柱が Aufsteigt という変則的な語順で描かれ，
噴き上げる水の激しい勢いが示される。それから落ちる水，第
一の水盤の様子，…という工合に一つの噴水の姿が水の動きに
従って描かれている。そして最後の短い一行はこの噴水の台座
のように見える。このように 8 行から成る詩がそのまま，一
つの噴水を型どっているわけである。だがこうして視覚的に正
確に描き出された噴水は，噴水一般の姿を示すと同時に，それ
は最早単なる噴水ではない。三つの大理石の水盤のどれもが水
を受けると共に与え，流れていると同時に満々とたたえて憩う
ている姿は，一般に調和ある生命体の象徴とも言えるし，また
マイヤーが目指した芸術作品の理想とも言えよう。ところで
R. M. Rilke の「新詩集」にも同じ噴水が 》Römische Fontäne,

— 94 —

30. ローマの泉

ふき上げる水柱，ふりそゝいで
大理石のまるい水盤を満たす。
水盤，ほのかに覆われ溢れて
第二の水盤の底にそゝぐ。
第二の水盤，満ち満ちて，
波立ちつゝ溢れる水を第三の水盤に与える。
こうしてどの水盤も受けつゝ与え
　　　流れつゝ憩うている。

Borghese《 として歌われており，この二つの泉の詩はしばしば
比較して論じられる。両者をあわせ読むのも大へん興味深いこ
とであろう。一般にマイヤーの作品が堅固明晰で彫塑的である
のに対し，リルケの泉の詩は柔らかく絵画的な魅力をもつと言
われている。
[注] 1) **aufsteigt:** 分離前つづり auf の位置は文法的にも，
韻律の上からも反則であるが，こゝでは吹き上げる水の勢いを印
象づけるためにこのような語順 をとったのであろう。 前出 の 詩
》Lenzfahrt《 の二行目にも同じ例が見られるが，Jambus の詩行
の最初の韻律はしばしば自由に取り扱われ，揚格がくることがあ
る。2) **der Marmorschale:** 二格で Rund にかゝる。 3)
die: 関係代名詞。Marmorschale が先行詞。 5) **die zweite:**
die zweite Schale 5) **gibt:** der dritten (Schale) につ
づく。7) **jede:** jede Schale.

— 95 —

31. Der Gesang des Meeres

Wolken, meine Kinder, wandern gehen
Wollt ihr? Fahret wohl! Auf Wiedersehen!
Eure wandellustigen Gestalten
Kann ich nicht in Mutterbanden halten.

5　Ihr langweilet euch auf meinen Wogen,
Dort die Erde hat euch angezogen:
Küsten, Klippen und des Leuchtturms Feuer!
Ziehet, Kinder! Geht auf Abenteuer!

Segelt, kühne Schiffer, in den Lüften!
10　Sucht die Gipfel! Ruhet über Klüften!
Brauet Stürme! Blitzet! Liefert Schlachten!
Traget glühnden Kampfes Purpurtrachten!

Rauscht im Regen! Murmelt in den Quellen!

[鑑賞] こゝでは海が母親として歌われており，その子供である
雲は海から出てさまざまの変容を経験した後に再び海にもどる。
すでにしばしば見たように，マイヤーにおいては水と死と母は
同一のものであるが，この詩では水の母性的な面が強く表現さ
れている。海（母）から出て海（母）にもどるこの壮大な充実
した巡環の根源は海（母）そのものであり，結局，水，死，母
は如何なる意味においてもマイヤーにとって存在の根源となっ
ている。またこの詩にも wandern という語が出ているが，こ

—96—

31. 海 の 歌

雲よ，わたしの子供たちよ，旅に
出かけるの。元気でおいで。さようなら。
あなたたちの旅にひかれる姿を
母の絆にひきとめておくことは出来ない。

わたしの浪の上であなたたちは退屈し，
あそこの陸が，海岸や断涯や燈台の火が
あなたたちをひき寄せたのだ。
お行き，子供たちよ，冒険の旅へ。

勇敢な船乗りたちよ，空に帆を張ってお行き。
山頂を求め，峡谷の上に憩うがよい。
嵐を捲き起し，稲妻を呼び，戦いを交えなさい。
熱戦の緋衣をまとうのです。

雨となって降り注ぎ，泉となってつぶやき，

の語もマイヤーにとって象徴的である。 彼は一生を wandern
と見ていた。
[注] 1) **wandern gehen:** wandern は gehen に対して目
的を示す副詞として働いている。[例] schlafen gehen「就寝す
る」 2) **fahret:** fahren の ihr の場合の命令法。韻をとゝの
えるために語尾に -e が入っている。 この詩に同じ例が他に幾つ
かある。 8) **auf:** auf ＋ 四格「あるものに向って，あるもの
を目指して」11) **Liefert Schlachten:** eine Schlacht liefern

— 97 —

Füllt die Brunnen!　Rieselt in die Wellen!
15　Braust in Strömen durch die Lande nieder —
Kommet, meine Kinder, kommet wieder!

「戦いを交える」　15)　**Lande:** Land の複数で詩語，普通は

井戸を満し，流れ寄って波となり，
大河となってとゞろきながら国々を下り――
おいで，わたしの子供たちよ，また帰っておいで。

Länder.

32. Möwenflug

Möwen sah um einen Felsen kreisen
Ich in unermüdlich gleichen Gleisen,
Auf gespannter Schwinge schweben bleibend,
Eine schimmernd weiße Bahn beschreibend,
5 Und zugleich in grünem Meeresspiegel
Sah ich um dieselben Felsenspitzen
Eine helle Jagd gestreckter Flügel
Unermüdlich durch die Tiefe blitzen.
Und der Spiegel hatte solche Klarheit,
10 Daß sich anders nicht die Flügel hoben
Tief im Meer, als hoch in Lüften oben,
Daß sich völlig glichen Trug und Wahrheit.

Allgemach beschlich es mich wie Grauen,

[鑑賞] この詩は 12 行目と 13 行目の間で二つの部分に分れて
いるが，前半部の水中に映っているかもめの飛翔の描写の正確
さ，鮮やかさには誰しも驚嘆を禁じ得ないであろう。また，た
とえば最初の数行では，同じ音をくり返しつゝ次第に音が変化
して行くことによって，かもめが同じ軌道を描きながら，しか
も一ケ所にとゞまらずに飛んでいる様子を，音でも表現してい
るように思われる。技巧的に非常に高い詩である。この詩の後
半部から解るように，こゝには全体として結局マイヤーの芸術
家としての深刻な不安が表現されているように思われる。彼の
芸術は，対象を直接的な温かい生の領域から，静かで冷たい，
澄明な，いわば死の領域へ遠ざけることによって成立する。し
かしそれ故に彼は，しばしば自分の作品が真に生を捕えている

—100—

32. 鷗（かもめ）の　飛　翔

かもめらが岩のまわりを
倦むことなく同じ輪を描いて飛ぶのを見た，
翼を張って空中に漂い，
ほのかに光る白い軌道を描きながら。
また緑の海面に，
同じ岩の頂のまわりを
広げた翼が明るく駆け，
倦むことなく底から閃めくのを見た。
水鏡は明るく澄み，
翼は深く海中にあって
高く空中にあるのと同じに鮮やかだった。
映像と実物に全く区別がなかった。

仮象と実在がこのように似ているのを見ていると，

かどうか，生とは無関係のまやかしものにすぎないのではない
か，という根本的な不安に襲われるのである。それはまた過去
にのみ生きる自己の存在に対する疑いと不安でもある。
[注] 1) **Möwen:** kreisen の四格主語。　3) **Schwinge:**
詩語，Flügel　3) **schweben bleibend:** bleiben は状態の
持続を意味する自動詞と共に用いられることがある。[例] stehen
bleiben「立ったま〻である」9) **solche:** solche..., daß〜「あ
まりに...なので〜だ」　10) **anders nicht..., als** (11 行
目)〜: nicht anders..., als〜「〜と変らずに，同じに」10)
hoben: sich heben「鮮やかだ，際立つ」12) **sich:**「相互
に」相互代名詞。13) **es:** 形式上の主語。 es wie Grauen「恐

—101—

Schein und Wesen so verwandt zu schauen,
15   Und ich fragte mich, am Strand verharrend,
Ins gespenstische Geflatter starrend:
Und du selber?   Bist du echt beflügelt?
Oder nur gemalt und abgespiegelt?
Gaukelst du im Kreis mit Fabeldingen?
20   Oder hast du Blut in deinen Schwingen?

怖のようなもの」 19) **Fabelding:**「想像上のもの，非実在の

やがてわたしは空恐ろしくなってきた。
岸辺にいつまでも立ちつくし
うす気味悪い羽ばたきを見詰めながら，わたしは
　　自問した——
おまえ自身はどうなのだ。本当に翼を持っているのか。
それともたゞ描かれ映っているにすぎないのか。
おまえは偽りの翼で飛びまわっているのか。
それともおまえの翼には血が通っているのか，と。

もの」

33. Alles war ein Spiel

In diesen Liedern suche du
Nach keinem ernsten Ziel!
Ein wenig Schmerz, ein wenig Lust,
Und alles war ein Spiel.

5　Besonders forsche nicht danach,
Welch Antlitz mir gefiel,
Wohl leuchten Augen viele drin,
Doch alles war ein Spiel.

Und ob verstohlen auf ein Blatt
10　Auch eine Träne fiel,
Getrocknet ist die Träne längst,
Und alles war ein Spiel.

[鑑賞]　》Liebe《 の章の冒頭におかれている詩。こゝで詩人は
》Liebe《 の章を始めるにあたって読者に希望をのべている。
読者はこれらの詩の中に，詩人の現実の愛の体験を探し求めて
はいけない。これらの詩は，詩人が自分の現実の体験から遠く
離れて，それを客観視し，その体験の本質を普遍的な立場から
芸術作品に作り上げたものである。芸術という高い普遍的な立
場から見れば，どのような愛の苦しみも喜びも戯れにすぎない
し，また，現実の体験を普遍的な芸術に高めるものは，この戯
れの精神にほかならない。詩人はこゝでそのような芸術の精神
を言っているのであろう。

—104—

33. すべては戯れだったのだ

これらの歌の中に
真面目な意図を探さないでおくれ。
少しの苦しみと少しの喜び,
そしてすべては戯れだったのだ。

とりわけたずねないでほしいのは
どの顔がわたしの気に入ったかということ。
多くの眼がこゝに輝いているけれど,
しかしすべては戯れだったのだ。

たとえどの頁かに
人知れず涙一滴落ちたとしても,
それはもうとうに乾いてしまった。
そしてすべては戯れだったのだ。

[注] 1) **in diesen Liedern:** 》Liebe《 の章に入っている詩
を指す。1) **suche:** du の場合の命令法。次の du は命令を
強調するために置かれているもの。2) **nach:** nach et. suchen
「あるものを探す」3) **ein wenig:**「少しの」5) **forsche:** du
の場合の命令法。nach et. forschen「あるものを探し求める」5)
danach: 次行をうける。6) **Antlitz:** 詩語「顔」普通は
Gesicht。7〜8) **wohl〜, doch…:**「たしかに〜だが,しかし
…」7) **Augen viele:** viele Augen。7) **drin:** darin. 第一
節冒頭の in diesen Liedern をさす。9〜10) **und ob…auch:**
認容の副文「たとえ…であるとしても」

—105—

34. Zwei Segel

Zwei Segel erhellend
Die tiefblaue Bucht!
Zwei Segel sich schwellend
Zu ruhiger Flucht!

Wie eins in den Winden
Sich wölbt und bewegt,
Wird auch das Empfinden
Des andern erregt.

Begehrt eins zu hasten,
Das andre geht schnell,
Verlangt eins zu rasten,
Ruht auch sein Gesell.

[鑑賞]　完全に視覚の世界に統一された一つの愛らしい風景の描写。だがわれわれはやがてこれは単なる風景の描写ではないことに気づく。まっ青な入江（死の深淵）の上に明るい光（明るい幸福な気持）を放ちながら，風（共通の運命）に導かれて全く同じように反応し合う 二 つの帆は，結ばれた 二 つの人生の希望に溢れた，ひたむきな，しかもつゝましやかな営みの象徴に外ならない。マイヤーの詩では，帆 (Segel) はいつも希望の象徴である。この詩ではその象徴が二つ用いられ，テーマと象徴が完全に一体化したところでこの作品が成立している。マイヤーの象徴詩の最も単純明快な，美しい例ということが出来

34. 二 つ の 帆

まっ青な入江に
明るい二つの帆。
風をはらんで静かに
遠ざかって行く二つの帆。

一つがまるくふくらんで
動きはじめると，
もう一つもすぐに
同じ思いに駆られるのだ。

一つがせわしく急ごうとすると
相手ははやく走っている。
一つが休もうと思うと
仲間も休んでいる。

　よう。
[注] 1) **erhellend:** erhellen「明るくする，照らす」の現在
分詞で die tiefblaue Bucht がその目的語。 Zwei Segel にかゝ
る形容句を構成している。 3) **schwellend:** schwellen の現
在分詞でやはり Zwei Segel にかゝる形容句を作っている。sich
schwellen「(帆が) 風をはらむ」 5) **wie:** sobald「…するやい
なや」 6) **sich:** bewegt にもかゝる。 sich bewegen「動く」
9) **begehrt…:** wenn が省略されて定動詞が文頭に出た形。
11) **verlangt…:** 上と同様 wenn の省略。

—107—

35. Hesperos

Über schwarzem Tannenhange
Schimmerst mir zum Abendgange,
Eine Liebe fühl ich neigen
Sich in deinem Niedersteigen,
Unbemerkt bist du gekommen,
Aus der blassen Luft entglommen —
So mit ungehörten Tritten
Durch die Dämmrung hergeglitten
Kam die Mutter, die mir legte
Auf die Schulter die bewegte
Hand, daß ich ihr nicht verhehle,
Was ich leide, was mich quäle,
Und warum ich ohne Klage
Mich verzehre, mich zernage.
Und ich schwieg und unter Zähren

[鑑賞] こゝにはマイヤー母子の関係が述べられている。それは微妙な関係だった。詩人は母親が生きている間は，彼女の理解を得ることが出来ずに苦しんだが，彼女が死んで現実の世界から居なくなってしまうと，かえって母親への憧れと思い出の中で彼女の深い愛情をよく理解出来るように思い，また 二 人の心がよく通じ合うように思って自責と後悔に苦しんだ。この詩の25行目から30行目にかけて詩人のその気持が述べられている。詩人は，限りなく遠い存在でありながら，心にしみ入る強い輝きを放つために身近の親しい存在として感じられる宵の明

—108—

35. 宵 の 明 星

黒い樅の林の斜面の上で
君はわたしの夕の散策にまたゝきを送る。
君の沈み行く姿に
わたしはひとつの愛が降りてくるのを感じる。
光失せた大気の中から燃え出でて
君はいつの間にかやって来た——
そのように足音も聞えずに
夕闇の中を滑るように
お母さんはやって来て，
わたしの肩にふるえる手を置くのだった。
わたしが何に悩み，何に苦しみ，
なぜ訴えもせずに
ひとり思いやつれ，身をかみ砕くのかを，
隠さず打明けるようにと。
そしてわたしが黙っていると，お母さんは

　　星を，死んだ母親の愛情の象徴として用い，彼女に対する愛と
　　思い出を深く切なく表現するのである。
[注] 2) **schimmerst**: 主語 du が省かれている。　6)
entglommen: entglimmen「燃えはじめる」の過去分詞。ま
た aus der blassen Luft entglommen は前文に対して副文的に
働いている。9) **mir**: auf die Schulter にかゝる所有の三格。
11) **daß...**: 「…するように」目的を示す従属接続詞。それで
定動詞 verhehle は要求や目的を示す接続法第一式。15) **Zähre**:

Ließ sie meinen Trotz gewähren.
Hat sie Wohnung jetzt, die Milde,
Dort in deinem Lichtgefilde?
Deiner Strahlen saug ich jeden,
20 Durch das Dunkel hör ich reden,
(Und mir ist, als ob die kühle
Hand ich auf der Schulter fühle)
Reden nicht von Seligkeiten,
Nur Erinnrung alter Zeiten —
25 Jetzt versteht sie ohne Kunde
Wer ich bin im Herzensgrunde.
Dies und jenes muß sie schelten,
Andres läßt sie heiter gelten,
Und sie meint, wie sich's entschieden,
30 Gebe sie sich auch zufrieden...
Abendstern, du eilst geschwinde!
Laß sie plaudern mit dem Kinde!
Freundlich zitternd gehst du nieder...
Mutter, Mutter, komme w i e d e r!

詩語「涙」Träne と同じ。16) **gewähren lassen:**「あること
の成るがまゝにまかせる」17) **die Milde:** 形容詞の名詞化。
sie と同格。19) **deiner Strahlen:** 二格 jeden deiner Strah-
len とつづく。21) **mir ist, als ob...:** es ist mir, als ob...
非人称主語 es が省かれている。「私は...であるかのような気持

—110—

わたしの強情をどうにも出来ず泣いてしまうのだった。
やさしいお母さんは，いま，あの
君のいる広々とした光の国に住んでおられるのだろうか。
君の光のすべてを吸い込むように見詰めていると
闇の中から話しかける声が聞えてくる。
（冷たい手がそっと肩に
触れるような気さえする）
それはあの世の浄福の話ではなく，
たゞ昔の思い出ばかり——
今はお母さんは，わたしが何も言わなくても，
わたしの心の底の気持を解っておられる。
あれやこれや叱らずにおられなくても，
そのほかのことは朗らかに認めて下さる。
そして，なるようにしかならなかったことに
自分も満足していると，言って下さる…
夕星よ，君の歩みは早すぎる。
母と子にとりとめのない話をさせておくれ。
やさしくふるえながら君は沈んで行く…
お母さん，お母さん，帰って来て下さい。

だ」 28) **gelten lassen**: 「認める」 29) **wie sich's entschieden**: wie es sich entschieden habe と補って読む。es は非人称主語。wie「〜のように，〜の通りに」 30) **sich zufrieden geben**: 「満足する」

36. Spielzeug

Liebchen fand ich spielend.　Einen Kasten
Hatte sie entdeckt voll längstvergeßnen
Staubgen Kinderspielzeugs: Mauern, Tore,
Rathaus, Häuser, Häuserchen und Kirche…
5 Sie erbaut' das Städtchen mit gelenken
Händen, stellt' den Kirchturm in die Mitte.
Doch ein Häuschen hatt' sie vorbehalten,
Vorbehalten sieben grüne Pappeln
Für ein allerliebstes kleines Landgut.
10 Nicht zu nah!　Im Städtchen klatscht man sündlich.
Nicht zu ferne!　Man bedarf der Menschen.
《Eben sind wir eingezogen!》 jubelt'
Sie und klatscht' in ihre kleinen Hände.
In der Wonne des erworbnen Heimes
15 Riß ich Liebchen an mich so gewaltsam,

[鑑賞]　おさない恋とそれへの祝福が明るく愛らしく，そしてユ
ーモアをこめて表現されている。マイヤーには珍らしい素朴な
抒情詩である。しかし玩具がおさない恋の無邪気さを表現して
いる反面，田舎の屋敷を建てるにあたっての恋人の慎重な配慮
（10・11 行目）には，すでに，女性の持つ現実の幸福への欲求
がほのかに感じられる。その欲求はつゝましやかで敬虔で，教
会の屋根の小さな赤によって，愛らしく優雅に飾られるのであ
る。
[注]　1) **Liebchen fand ich spielend:** spielend は
Liebchen（四格）の状況を述べている。「私は可愛い人が遊んで

—112—

36. 玩　　具

あの人は遊んでいた。一つの箱を
彼女は見つけたのだった。とうに忘れ去られ
埃だらけになった玩具のいっぱい入った箱——
囲壁に門，市役所，大きな家，小さな家，そして教会…
彼女はしなやかな手つきで小さな町を建て
その真中に教会の塔を立てた。
だけど一軒の小さな家と七本の緑のポプラの樹を，
何より好きな小さな田舎の屋敷をつくるため，
彼女は使わずにとっておいた。
町に近すぎてはいけない。町の人は口うるさい。
あまり離れすぎてもいけない。やはり人間が必要だ。
「わたしたちちょうどいま引越してきたのよ」
彼女ははしゃいで小さな手を打った。
住いが出来た嬉しさに
わたしは可愛い人を乱暴に引き寄せた。

いるのを見つけた」 2) **voll:** 二格をとる形容詞。次の語が二
格であることに注意。 3) **Mauer:** こゝでは都市の周囲に建
てめぐらされている堅固な囲壁。3) **Tor:** Mauer の門。7)
vorbehalten: vorbehalten「取っておく，残しておく」の過
去分詞。 9) **allerliebstes:** aller- は alle の二格で，「す
べてのものの中で」の意味。形容詞の最高級に付けられてその意
味を強める。10) **klatschen:**「陰口する，うわさする」11) **be-
darf:** bedürfen の三人称単数現在，「…を必要とする」二格支
配。der Menschen が複数二格。13) **in die Hände klat-
schen:**「拍手する」15〜16) **so gewaltsam, daß…:** daß

—113—

Daß den Arm sie streckte wie ertrinkend...
Was erwischte sie mit schnellen Fingern,
Eng an meine Brust gepreßt? Die Kirche,
Ja die Kirche mit dem roten Dach war's,
20 Und sie stellt' sie dicht vor unser Landhaus.

以下は結果を示す。「乱暴に引き寄せたので，…」 18) **eng an**

彼女は溺れるように腕を伸ばし…
わたしの胸にしっかり押しつけられたまゝ
素早い指で何を摑んだのだろう。教会,
そう，赤い屋根の教会だった。
そしてそれをわたしたちの田舎家のすぐ前に立てた。

---

meine Brust gepreßt: 分詞句。前文に対して副文的に働く。

37. Stapfen

In jungen Jahren war's. Ich brachte dich
Zurück ins Nachbarhaus, wo du zu Gast,
Durch das Gehölz. Der Nebel rieselte,
Du zogst des Reisekleids Kapuze vor
5 Und blicktest traulich mit verhüllter Stirn.
Naß ward der Pfad. Die Sohlen prägten sich
Dem feuchten Waldesboden deutlich ein,
Die wandernden. Du schrittest auf dem Bord,
Von deiner Reise sprechend. Eine noch,
10 Die längre, folge drauf, so sagtest du.
Dann scherzten wir, der nahen Trennung klug

[鑑賞] 静かな柔かい Jambus が時々詩行 (Vers) の途中のピ
リオドで断ち切られ，老詩人がひとり若き日の回想にふけって，
つぶやいているかのように聞える。マイヤーにとって，現実は
過去の不在のものとなってはじめて強い力を発揮する。この詩
にも彼のその特性がはっきり示されている。若き詩人は，恋人
を森の中の家へ送って行く時には，恋人の姿全体を摑むことが
出来ず（恋人は頭巾を深くかぶり，顔の全部は見えない），そ
の上二人は冗談を言い合って近づいた別れから思いをそらし，
現実の問題に直面しない。そして彼は帰途恋人の足あとを見て
はじめて恋人の本質を理解し，恋人の姿全体をさえ思い浮べる。
だが wandernd な，reisehaft な恋人は恐らく二度と彼の前
に現われないのであろう。die längre [Reise] (10 行目) とは
死への旅を指すものと思われる。この詩は筋の上からは若き日
の恋人を回想してうたった恋愛詩のように見えるが，恋人の姿
が暗示的にしか描かれていないところから，この恋人は若きマ
イヤーが愛し求めて遂に得られなかったもの，つまり彼の詩，

—116—

37. 足 あ と

若い日のことだった。わたしはあなたを
あなたが客として滞在している隣家へ
森を通って送って行った。霧雨が降っていた。
あなたは旅行服の頭巾をまぶかにかぶり
その下から打ちとけた視線を向けるのだった。
小径は濡れていった。歩くにつれて靴あとが
湿った森の地面にくっきりついた。
あなたは旅の話をしながら
小径のふちを歩いていた。もう一度
もっと長い旅に出るのです，とあなたは言った。
それからわたしたちは，近づいた別れから巧みに思いをそ

　　または彼の青春と見ることも出来よう。マイヤーの心の中には，
　これら不在のものの Stapfen が到るところにあって，老詩人
　を回想の中に引き込む。そして回想の中ではじめて，去ってし
　まったものの本質が明らかになり，悲痛の思いと共にそれが身
　近なものとして感じられる。そういうわけで Stapfen は前出
　の Hesperos と同じ働きをする象徴となっているわけである。
　マイヤーにとって現在という時間は，思い出の本質的な豊かさ
　に匹敵し得ない。Stapfen の象徴としての意味もそこにある。
　従って詩人はこの詩によって単に過去を悲しんでいるのでなく，
　思い出を最も生き生きした豊かな現在たらしめ，それを味って
　いるのである。マイヤーの抒情詩の最大傑作の一つであろう。
[注]　2) **wo du zu Gast:**　wo du zu Gast warst と補って読
む。bei jm. zu Gast sein「ある人のもとで客となっている」8)
die wandernden:　6 行目の die Sohlen をくりかえしたもの。
die wandernden Sohlen 9) **eine:**　eine Reise 10) **die
längre:**　die längere Reise 10)　**folge drauf:**　auf et.⁴

—117—

Das Angesicht verhüllend, und du schiedst,
Dort wo der First sich über Ulmen hebt.
Ich ging denselben Pfad gemach zurück,
15　Leis schwelgend noch in deiner Lieblichkeit,
In deiner wilden Scheu, und wohlgemut
Vertrauend auf ein baldig Wiedersehn.
Vergnüglich schlendernd, sah ich auf dem Rain
Den Umriß deiner Sohlen deutlich noch
20　Dem feuchten Waldesboden eingeprägt,
Die kleinste Spur von dir, die flüchtigste,
Und doch dein Wesen: wandernd, reisehaft,
Schlank, rein, walddunkel, aber o wie süß!
Die Stapfen schritten jetzt entgegen dem
25　Zurück dieselbe Strecke Wandernden:
Aus deinen Stapfen hobst du dich empor
Vor meinem innern Auge.　Deinen Wuchs
Erblickt' ich mit des Busens zartem Bug.
Vorüber gingst du, eine Traumgestalt.
30　Die Stapfen wurden jetzt undeutlicher,
Vom Regen halb gelöscht, der stärker fiel.

---

folgen「あるものに続いてくる」 folge は接続法第一式，間接説
話。15)　**schwelgend**: in et.³ schwelgen 「あるものにふけ
る」16)　**wohlgemut**:「心配せずに」副詞。17)　**vertrauend**:
auf et.⁴ vertrauen「あるものを信じる，期待する」17)　**baldig**:
baldiges. 中性四格の語尾が省かれている。　22)　**Wesen**:「本

—118—

らして
冗談を言い合い，あなたは家の棟が
楡の木立の上に現われてくるところで別れて行った。
わたしは同じ道をゆっくりもどった，
あなたの愛らしさに，あなたの世馴れぬはにかみに
まだかすかに酔いながら，
そして間近い再会を信じて疑わずに。
満ち足りた気持でぶらぶら行くと，小径のふちに，
あなたの靴あとが湿った森の地面に
まだくっきりと残っているのが見えた。
あなたの残したいちばん小さな，いちばんはかない痕跡，
しかも他ならぬあなた自身——たえず遍歴し，旅にひかれ，
華奢で，純粋で，森のように小暗く，しかも，あゝ，何と
　　甘美な。
足あとは，いま，同じ道を引き返えして行く
わたしに向って次々と現われてくるのだった——
あなたの足あとから，あなたが
わたしの心の眼の前に浮び上ってきた。
ほのかに胸のふくらんだあなたの姿をわたしは見た。
幻想の中のあなたは通りすぎて行った。
はげしくなってきた雨に半ば消されて
足あとはもうだんだんうすれていく。

質，本体」 24〜25) **dem…Wandernden**： 現在分詞 （形
容詞） wandernd の名詞化。 zurück dieselbe Strecke は wan-
dernd にかゝる副詞。28) **Bug**：「湾曲」こゝでは「胸のふく
らみ」を言っている。29) **eine Traumgestalt**： du の同格

—119—

Da überschlich mich eine Traurigkeit:
Fast unter meinem Blick verwischten sich
Die Spuren deines letzten Gangs mit mir.

説明語。呼びかけではない。 32) **überschlich:** überschlei-

すると不意に悲しみがわたしを襲った——
ほとんど見る間に，あなたがわたしと共に
最後に歩いたその痕跡は消えていった。

chen「不意に襲う」の過去。

38. Wetterleuchten

Im Garten schritt ich durch die Lenzesnacht.
Des Jahres erste Blitze loderten.
Die jungen Blüten glommen feuerrot
Und blichen wieder dann. Ein schönes Spiel,
5 Davor ich stille hielt. Da sah ich d i c h!
Mit einem Blütenzweige spieltest du,
Die junggebliebne Tote! Durch die Hast
Und Flucht der Zeit zurück erkannt' ich dich,
Die just des Himmels Feuer überglomm.
10 Erglühend standest du, wie dazumal,
Da dich das erste Liebeswort erschreckt,

[鑑賞]　咲きはじめたばかりの花が稲妻に一瞬照らし出されると，詩人は忽ち現実の時間の流れをさか上って，そこに夭折した恋人の頬赤らめた姿を見る。それも一瞬の間のことである。詩人の言葉の melodisch な，思いのこもった，しかも悲しい調子が，この二つのイメージの重なりを一そう美しいものにしている。詩人の意識の中を時々このような稲妻が走り，その時詩人は忽ち若き日の恋人の姿を見る。だが，このいつまでも若い恋人とは，詩人が若き日に求めて遂に得られなかったもの，つまり彼の恋人，詩，そして青春そのものの総体の象徴であろう。老詩人の胸には，この失われたもの，実現しなかったものへの痛切な憧れが年と共に強くなり，それが彼に詩を書かせる。稲妻に照らし出されたこの恋人の姿こそ，詩人マイヤーの Muse（詩神）であったと言うことが出来よう。そしてこゝから，前

—122—

38. 稲　　妻

春の夜の庭を歩いていると
今年はじめての稲妻が閃いた。
咲きはじめたばかりの花がぱっと赤く浮び出て
また消えていった。美しい戯れ。
わたしはその前に立ちつくした。その時だった，あなたの
　　姿が見えたのは。
あなたは花の咲いた枝をもてあそんでいた。
亡くなった時そのまゝの若いあなたが。あわたゞしく
過ぎ去った時の流れをさか上って，わたしはあなたをはっ
　　きり見た。
丁度天からの火にすっかり照らし出された姿を。
はじめての愛の言葉があなたを驚かしたあの時のように，
赤くなってあなたは立っていた。

　出の詩《Stapfen》にうたわれた恋人も，実は彼の Muse であ
ることがわかる。
[注]　1)　**Lenz:**　詩語，Frühling。3)　**glomm(en):**　glim-
men「かすかに光る」の過去形。4)　**blich(en):**　bleichen「色
あせる」の過去形。5)　**stille halten:**　still halten「じっと
している」stille は古形。　5)　**dich:**　字間が離れていて (ge-
sperrt)，意味が強調されている。7〜8)　**die Hast und Flucht
der Zeit:**　詩的な言いまわし。「あわたゞしく速やかにすぎて行
く時間の流れ」8)　**zurück:**　副詞「逆にもどって」前置詞
durch の意味を限定している。10)　**dazumal:**　damals「あの
ころ，当時」11)　**da:**　関係副詞。古形。現代では wo。dazumal
が先行詩。11)　**erschreckt:**　過去分詞。erschreckt hatte と

—123—

Du Ungebändigte, du Flüchtende!
Dann mit den Blüten wieder blichest du.

補って読む。 12) **du Ungebändigte…:** Ungebändigte,

うぶで，逃げようとするあなた。
それから花といっしょにあなたは消えてしまった。

Flüchtende は形容詞の名詞化。呼びかけ。

39.　Die tote Liebe

Entgegen wandeln wir
Dem Dorf im Sonnenkuß,
Fast wie das Jüngerpaar
Nach Emmaus,
Dazwischen leise
Redend schritt
Der Meister, dem sie folgten
Und der den Tod erlitt.

[鑑賞]　新約聖書ルカ伝第 24 章のキリスト復活の物語を用いて，二人がうっかり取落してしまった愛の痛さを描いているのであるが，このように聖書の中の物語を用いた作品は，もしそれが成功している場合，ヨーロッパ人にはおそらく非常に強く訴える力をもつのであろう。しかしわれわれ日本人には，こういう作品は直接感情に訴えるよりも，まず理知でその秘密を解き明かす作業を強制する。だが何度も繰りかえして読んでみると，この作品はいかにもヨーロッパ的な意味での渋味ある傑作であることが解る。二人の間に愛があった時，人はそれに気づかずうっかり取落してしまう。だがある時二人で昔歩いた同じ道を歩いていると，二人の間に死んだ筈の愛が突然復活する。二人は互いに心の中で，相手の当時の心をはじめて理解する。だが復活した愛はたゞ純粋な愛そのものとして二人の心の中に思い出されるにすぎず，二人を今更結びつけようとはしない。愛をキリストにたとえているところから，マイヤーにとって愛こそ人間の最高のものであることが容易に察せられる。一般にわれわれにとっても，最も大切なものを所有している間はそれに気づかないばかりか，むしろそれを邪慳に取扱い，それが失われるとはじめてそのものの意味が明らかになり，悲痛と悔恨に襲

—126—

39. 死 ん だ 愛

夕日の沈む村に向って
わたしたちは歩いて行く。
エマウスへ向った
かの二人の門弟のように。
彼らの間にはさまれて
静かに語りながら行くのは,
彼らを導き,死を受け給うた
師であった。

われることがないであろうか。そしてその失われたものが愛である場合,嘆きの深さは無限であろう。その意味でこゝにキリスト復活の物語が用いられているのは,無限に痛切な思いの表現として大きな効果を挙げているわけである。形式の上では詩行が短かくて不揃いなのが痛切な気持の表現にふさわしいが,25〜28 行の 4 詩行だけは,それぞれ 3 つの揚格をもつ Jambus で,脚韻も abab と揃っている。こゝがこの詩の中心であろう。

[注] 1) **entgegen:** dem Dorf にかゝる。「村に向って」3〜4) **das Jüngerpaar nach Emmaus:** 新約聖書ルカ伝第 24 章によると,キリストの二人の門弟がエルサレムから 11 km ほど離れた小村エマウスに向う途中,復活したキリストが現われ,二人と共に語りながら歩いた。やがて日暮となり,三人が共に夕食の席についた時,二人ははじめてその同行者がキリストであることを知るが,その時キリストは見えなくなる。二人は互いに「途中師がわれらと語りわれらに聖書を説き明かし給える時,われらの心が燃えなかったであろうか」と言い合う。 5) **dazwischen:** zwischen ihnen 8) **erlitt:** erleiden の過去。 den Tod

—127—

So wandelt zwischen uns

10 Im Abendlicht

Unsre tote Liebe,

Die leise spricht.

Sie weiß für das Geheimnis

Ein heimlich Wort,

15 Sie kennt der Seelen

Allertiefsten Hort.

Sie deutet und erläutert

Uns jedes Ding,

Sie sagt: So ist's gekommen,

20 Daß ich am Holze hing.

Ihr habet mich verleugnet

Und schlimm verhöhnt,

Ich saß im Purpur,

Blutig, dorngekrönt,

25 Ich habe Tod erlitten

Den Tod bezwang ich bald,

Und geh in eurer Mitten

Als himmlische Gestalt —

Da ward die Weggesellin

30 Von uns erkannt,

Da hat uns wie den Jüngern

Das Herz gebrannt.

---

erleiden「死ぬ」 14) **heimlich:** heimliches 中性四格の格語
尾が省かれている。 19〜20) **So ist's gekommen, daß...:**
esは daß 以下をうける。 es kommt, daß...「...が生じる，...に

そのようにわたしたちの間を
夕映を浴びて
静かに語りながら
わたしたちの死んだ愛が行く。
それは秘密を言いあらわす
ひめやかな言葉を知っている。
それはわたしたちの魂の
いちばん奥底にある宝を知っている。
それはわたしたちにひとつびとつの事柄を
説明し，はっきり解らせてくれる。
愛は言う，「こうしてとうとう
わたしは柱に吊された。
君らはわたしを認めず
悪しざまに嘲笑した。
わたしは血にまみれ，茨の冠をかぶされ，
緋衣を着て坐っていた。
わたしは死なゝければならなかった。
だがやがてわたしは死に打ち克ち，
今こうして君らの間で
天上の姿となって歩いている」──
その時，その道連れが誰であるか
わたしたちにはっきり解った。
そして二人の門弟のように
わたしたちの心は燃えた。

なる」 25) **Tod:** この無冠詞の Tod には強いアクセントがある。 29) **ward:** 詩的な表現，普通は wurde。 31) **uns:** 所有の三格，das Herz にかゝる。den Jüngern も同じ。

—129—

40. In einer Sturmnacht

Es fährt der Wind gewaltig durch die Nacht,
In seine gellen Pfeifen bläst der Föhn,
Prophetisch kämpft am Himmel eine Schlacht
Und überschreit ein wimmernd Sterbgestöhn.

5 Was jetzt dämonenhaft in Lüften zieht,
Eh das Jahrhundert schließt, erfüllt's die Zeit —
In Sturmespausen klingt das Friedelied
Aus einer fernen, fernen Seligkeit.

Die Ampel, die in leichten Ketten hangt,
10 Hellt meiner Kammer weite Dämmerung,
Und wann die Decke bebt, die Diele bangt,

[鑑賞]　充実した内的な豊かさを求めたマイヤーの願いは，言い
かえると，自己の地上的存在という一面性を克服して，生と死
を統括する客観的視点を，永遠性に基づく視点を獲得すること
であった。彼は芸術家としても人間としても，いわば高次元へ
の変身，再生を願っていた。この詩は彼のそのような願いの表
現と見ることが出来よう。この詩が作られたのは 1892 年で，
詩人はすでに 67 才。激しい春の嵐は，冬の死は勿論のこと，
老人となった詩人の死と，そして間もなく終ろうとする 19 世
紀の死をも予告しているかのように聞える。だがこの悪魔のよ
うに恐ろしい嵐の合間に平和の歌が聞こえる。嵐を克服して平
和の歌に至るにはどうすべきか。詩人は，丁度ニコデーメ老人
がキリストに再生の教えを求めたときのように，嵐に耳かたむ

—130—

40. 嵐 の 夜 に

風がはげしく夜の闇を吹き抜け
フェーンが鋭い笛を吹き鳴らしている。
空には春を告げる戦いがはじまり
すゝり泣く死のうめき声をかき消す。

世紀の終りを前にして，いま悪魔のように
空中を過ぎ行くものが，この時間を満たしている——
嵐のあい間に平和の歌が
遠い遠い浄福の国から聞えてくる。

軽い鎖に吊されたランプが
部屋いっぱいのほの暗さを照らす。
そして天井がふるえ，床がきしむと，

けて自己と時代の再生の教えを聞き取ろうとする。変身，再生
はマイヤー文学における重要な問題であり，また彼の文学の秘
密でもある。事実マイヤーは中年になるまで三文詩人として悪
戦苦斗した後に，いつのまにか近代ドイツ詩における巨星へと
不思議な変身を遂げたのである。

[注] 1) **es:** 非人称主語。der Wind が実際上の主語。 2)
der Föhn: 暖かい乾燥性の南風。イタリアからアルプスを越
えてスイス，南ドイツに吹きつける。早春から初夏にかけて繰返
しやってくる。 6) **erfüllt's:** この es は was 以下の関係文
をうける。 9) **hangt:** やゝ古い形で，現在では hängen を
用いる。「掛かっている」11) **wann:** wenn 古形。詩語。11)

—131—

Bewegt sie sich gemach in sachtem Schwung.

Mir redet diese Flamme wunderbar
Von einer windbewegten Ampel Licht,
15 Die einst geglommen für ein nächtlich Paar,
Ein greises und ein göttlich Angesicht.

Es sprach der Friedestifter, den du weißt,
In einer solchen wilden Nacht wie heut:
《Hörst, Nikodeme, du den Schöpfer Geist,
20 Der mächtig weht und seine Welt erneut?》

---

bangt: 「人に不安を与える，心配させる」 16) **ein greises und ein göttlich Angesicht:** 前行の ein nächtlich Paar と同格。nächtliches, göttliches の中性四格の格語尾が省かれている。17) **es:** 非人称主語。実際上の主語は der Friedestifter

ランプは静かにゆるやかに揺れる。

不思議にもこの焔は，
かつての夜語り合った二人の
老いた顔と神々しい顔を，ほのかに照らした
風にゆらめくランプの光を思い出させる。

今日のような嵐の夜に
かの地上に平和を建てる人は言ったのだ。
「ニコデーメよ，世を改めるために，力強く吹く
創造者なる霊の声が，汝に聞えるか」と。

---

18) **solchen:** solch—wie... とかゝる。 19) **Nikodeme:**
新約聖書ヨハネ伝に出てくるユダヤの律法学者でユダヤ人最高評
議所評議員。嵐の夜にキリストに再生の教えを求めた。

41. Mit zwei Worten

Am Gestade Palästinas, auf und nieder, Tag um
　　Tag,
《London?》　frug die Sarazenin, wo ein Schiff vor
　　Anker lag.
《London!》　bat sie lang vergebens, nimmer müde,
　　nimmer zag,
Bis zuletzt an Bord sie brachte eines Bootes
　　Ruderschlag.

5 Sie betrat das Deck des Seglers und ihr wurde nicht
　　gewehrt.
Meer und Himmel. 《London?》　frug sie, von der
　　Heimat abgekehrt,
Suchte, blickte, durch des Schiffers ausgestreckte
　　Hand belehrt,
Nach den Küsten, wo die Sonne sich in Abendglut
　　verzehrt ...

[鑑賞]　この詩の内容には，何の説明も必要ではあるまい。マイ
ヤーの短編小説「聖者」(Der Heilige) でも中世のこの物語が
取扱われているが，こゝでは同じ物語が，各行 8 つの揚抑格
(Trochäus) をもち，4 行から成る各節がそれぞれ同じ脚韻を
もつ 5 節 20 行のバラードに手際よく，幾分ユーモアをこめて
まとめられている。わずか 二 つの英語の単語を頼りに，遂に
大都会ロンドンの中から恋人を探し出したサラセン娘のひたむ
きな愛に対する詩人の賞讃は，最後の一行に明らかに示されて
いる。またこの詩は，静観的冥想的な，かつての巡礼者 Becket
と大胆で活動的なサ・ラセン娘の全く 対照的な 二 つの魂が，愛
によって一つのものにされたことをも言っているわけで，その

—134—

41.　ふたつの言葉で

パレスチナの岸辺を，来る日も来る日も行ったり来たり，

船が泊っていると，「ロンドン？」と尋ねるサラセン娘。

「ロンドン！」断わられても倦まずひるまぬ彼女を，

とうとう一そうの小舟の撓の音が運んで行った。

誰が何と言おうと彼女は帆船の甲板に上った。

海と空。「ロンドン？」ふるさとを遠く離れて，彼女は尋
ねた。
水夫がさし示す指の彼方に，彼女は探し，そして見た，

真赤な夕日が沈んで行く岸また岸を…

　意味では，マイヤーのバラードや小説に殆ど常に出てくる，マ
イヤー自身の性格の中にある 二元性の問題が，こゝにも 提示
されているわけである。
[注]　1) **Gestade:**「岸」詩語。 Küste, Strand.　2) **frug:**
fragte　2) **wo:** 関係副詞。先行詞 da を主文中に補って読む。
2) **vor Anker liegen:**「錨でつながれて停泊している」 5)
ihr wurde nicht gewehrt: man wehrte ihr nicht の受動
文。「彼女は制止されなかった」　6) **von der Heimat abge-
kehrt:** 副文が分詞句に短縮された形。7) **durch…belehrt:**
同上，「水夫のさし伸べた手に教えられて」　8) **nach:** suchte,

—135—

《Gilbert?》 fragt die Sarazenin im Gedräng der
  großen Stadt,
10 Und die Menge lacht und spottet, bis sie dann
  Erbarmen hat.

《Tausend Gilbert gibt's in London!》 Doch sie sucht
  und wird nicht matt.

《Labe dich mit Trank und Speise!》 Doch sie wird
  von Tränen satt.

《Gilbert!》 — 《Nichts als Gilbert? Weißt du keine
  andern Worte? Nein?》

《Gilbert!》... 《Hört, das wird der weiland Pilger
  Gilbert Becket sein —
15 Den gebräunt in Sklavenketten glüher Wüste
  Sonnenschein —
Dem die Bande löste heimlich eines Emirs
  Töchterlein —》

《Pilgrim Gilbert Becket!》 dröhnt es, braust es
  längs der Themse Strand.

Sieh, da kommt er ihr entgegen, von des Volkes
  Mund genannt,

Über seine Schwelle führt er, die das Ziel der Reise
  fand.
20 Liebe wandert mit zwei Worten gläubig über Meer
  und Land.

---

blickte...nach～ とつゞく。「～を探し，～を見た」 10) **sie:**
die Menge をさす。14) **wird:** アクセントがある。「きっと
...だ」 15) **den:** 前行の Gilbert Becket にかゝる関係代名詞。
16) **dem:** 同上。この三格は次の die Bande にかゝって「そ

—136—

「ギルバート？」大都会の雑踏の中で尋ねるサラセン娘。

群集は笑い嘲けるが，しまいには彼女がかわいそうになる。

「ロンドンにはギルバートが千人も居るんだぜ」だが彼女
　は倦まず探し歩く。
「飲んで食べて元気をお出し」しかし涙で胸がいっぱい。

「ギルバート！」─「ギルバートだけなの？　ほかに言葉
　を知らないの？」
「ギルバート！」…「ほら，これはきっとかつての巡礼者
　ギルバート・ベキットのことだ──

奴隷の鎖につながれて，ぎらぎらした砂漠の日光に焼かれ
たあの人を，
サラセンの太守の娘がこっそり逃してやったという──」

「巡礼者ギルバート・ベキット！」テムズ河の岸沿に群集
　の声がとゞろきわたる。
すると見よ，群集に名ざされたその人が彼女に向ってやっ
て来て，
旅の末に目ざす人を見つけた彼女を家の中へ連れて行く。

愛はふたつの言葉で心迷わず海山越えてさすらい来る。

───────────────────────

の人の縛られている鎖をサラセンの太守の娘がこっそり解いてや
った」となる。　17)　**dröhnt es, braust es:** es は二つと
も非人称主語。　19)　**die:** diejenige, die....

—137—

42.　Michelangelo und seine Statuen

Du öffnest, Sklave, deinen Mund,
Doch stöhnst du nicht.　Die Lippe schweigt.
Nicht drückt, Gedankenvoller, dich
Die Bürde der behelmten Stirn.
5　Du packst mit nervger Hand den Bart,
Doch springst du, Moses, nicht empor.
Maria mit dem toten Sohn,
Du weinst, doch rinnt die Träne nicht.
Ihr stellt des Leids Gebärde dar,
10　Ihr meine Kinder, ohne Leid!
So sieht der freigewordne Geist
Des Lebens überwundne Qual.
Was martert die lebendge Brust,
Beseligt und ergötzt im Stein.
15　Den Augenblick verewigt ihr,
Und sterbt ihr, sterbt ihr ohne Tod.

[鑑賞]　こゝでは詩人はミケランジェロの口を借りて芸術の秘密と本質について語る。苦痛に充ちた人生も，芸術作品として客観化されると，それによってわれわれの精神は解放され，自由を得る。これはすぐれた芸術が持つ不思議な力である。芸術家自身にはやがて死が訪れるが，彼の自由な精神から生れた子供たちは，永遠の存在となっていつまでも人々の精神を解放し続ける。ところで芸術家の精神はどこからその自由を得るのであろうか。死からである。死こそが芸術よりもはるかに偉大な，

42.　ミケランジェロと彼の彫像たち

奴隷よ，おまえは口を開いているが
呻き声を出さない。唇は沈黙している。
思慮深い人よ，かぶとをかぶった額の重さも
おまえを圧しつけはしない。
モーゼよ，おまえは逞しい手にひげを摑んでいるが
勢いよく立ち上りはしない。
死んだ息子を抱くマリアよ，
おまえは泣いているが，涙は流れない。
わたしの子供たちよ，おまえたちは
悩みの身振りを表わしているが，悩みを知らない。
自由になった精神は，人生の
克服された苦しみをこのように見るのだ。
生きた胸を責めさいなむものが
石の中では幸福と喜びを与える。
おまえたちは瞬間を永遠にし，
死ぬときに死を知らない。

絶対の解放者である。芸術家の精神は，常に死を思い，死に親しみ，いわば死から無限の養いを吸い取り，その絶対の自由の上に立ってこそ，短かい生涯の中から永遠の芸術作品を創り出すことが出来るのであろう。

[注] 13) **Was martert die lebendge Brust:** 韻の関係から定動詞の位置がずれている。 Was die lebendige Brust martert. 16) **Und sterbt ihr:** Und wenn ihr sterbt. 17) **Charon:** 発音 [çá:ron] ギリシャ神話の冥府の川の渡し守。

—139—

Im Schilfe wartet Charon mein,
Der pfeifend sich die Zeit vertreibt.

---

17) **wartet...mein:** warten がこのように二格をとるのは古い
用法で，現代では auf et.⁴ warten となる。18) **sich die Zeit**

葦の中でカーロンがわたしを待っている，
口笛を吹いて時間をつぶしながら。

---

vertreibt: sich³ die Zeit vertreiben 「時をまぎらす，退屈
をまぎらす」

43. In der Sistina

In der Sistine dämmerhohem Raum,
Das Bibelbuch in seiner nervgen Hand,
Sitzt Michelangelo in wachem Traum,
Umhellt von einer kleinen Ampel Brand.

5 Laut spricht hinein er in die Mitternacht,
Als lauscht' ein Gast ihm gegenüber hier,
Bald wie mit einer allgewaltgen Macht,
Bald wieder wie mit seinesgleichen schier:

《Umfaßt, umgrenzt hab ich dich, ewig Sein,
10 Mit meinen großen Linien fünfmal dort!
Ich hüllte dich in lichte Mäntel ein

[鑑賞]　ミケランジェロが真夜中のシスティーナ礼拝堂で神に話しかけている。彼は全力をつくして神を描いたのであるが，今その天井画を見上げると，自分の創造力のすばらしさを自覚すると同時に，自分の力の限界をも知る。その力の限界とは，自分の存在の限界である。彼は ein Knecht der Leidenschaft であることを止め，一切の地上的なものから解放され，rein und frei な存在となって永遠を知らなければ真の芸術（神の創造と同質の行為）に到達出来ないことを知る。彼は，自分が原初の人間のように粘土から作られているのではなく，もっと固い素材から出来ている罪深い存在であることを自覚し，純粋・自由な存在へと決定的に解放されようと，激しい試煉 (Hammer) を望む。ところで，このように描かれているミケランジェロの

—142—

43. システィーナ礼拝堂にて

ほの暗く天井の高いシスティーナ礼拝堂の中で，
逞ましい手にバイブルを持ち，
ミケランジェロはもの思いにふけって坐っている，
小さな吊りランプの火に照らし出されて。

声高く彼は真夜中の闇に向って話しかける，
客が彼に向きあって耳傾けているかのように，
ある時は全能の力を持つ者と話すように，
また，ある時はほとんど自分と変らぬ者と話すように。

「わたしは大きな線であそこに五度も
あなたを囲み，描いた。永遠の存在よ。
わたしはあなたを明るい外套に包み，

姿勢は，実はマイヤー自身が自らに求めたものであろう。**Ich
bin der Stein** とは，マイヤー自身の地上的な，罪深い存在と
しての自覚の言葉であり，彼は謙虚に自己を知ると共に，そこ
から試煉を克服して，石としての存在から解放され，純粋・自
由な存在へと高められなければならないと思うのである。マイ
ヤーの芸術創造に対する激しい意欲が感じられる作品である。
[注] 2) **das Bibelbuch**: 絶対的四格，副文的な働きをす
る。4) **umhellt**: umhellen「〜の周囲を照らす」の過去分
詞。分詞句を作っている。 6) **als lauscht'...:** als ob...
lauschte. 7) **bald...bald〜:**「ある時は...ある時は〜」9)
ewig Sein: ewiges Sein. 中性一格の格語尾が省かれている。
呼びかけ。11) **in lichte Mäntel:** in と四格であることに注

—143—

Und gab dir Leib, wie dieses Bibelwort.

Mit wehnden Haaren stürmst du feurigwild
Von Sonnen immer neuen Sonnen zu,
15 Für deinen Menschen bist in meinem Bild
Entgegenschwebend und barmherzig du!

So schuf ich dich mit meiner nichtgen Kraft:
Damit ich nicht der größre Künstler sei,
Schaff mich — ich bin ein Knecht der Leidenschaft —
20 Nach deinem Bilde schaff mich rein und frei!

Den ersten Menschen formtest du aus Ton,
Ich werde schon von härterm Stoffe sein,
Da, Meister, brauchst du deinen Hammer schon,
Bildhauer Gott, schlag zu!   Ich bin der Stein.≫

意。16) **entgegenschwebend**：「あるものに向って空中を漂
い近づいて行く」という意味で，sein の補語となっている。 18)
damit...sei： damit は従属接続詞「...するために」目的や要
求を意味するので，定動詞が接続法第一式になることがある。20)

—144—

このバイブルの言葉のようにあなたに肉体を与えた。

あなたは髪を風になびかせ，火のようにはげしく，
太陽からいつも新しい太陽へと突き進む。
だが，あなたが創り給うた人間に対しては，わたしの絵の
　　中で，
あなたは憐み深く漂い近づいて行く。

このようにわたしはなけなしの力を揮ってあなたを創った。
わたしがあなたより偉大な芸術家であってはならない。
このわたしを——情熱の奴隷であるわたしを——
あなたの姿にならって純粋で自由な者に創り直して下さい。

あなたは最初の人間を粘土から作られた。
だが，わたしはもっと固い素材で出来ていることでしょう。
さあ　師よ，もう槌を手にお取り下さい。
彫刻師・神よ，打ち下して下さい。わたしは石です」

---

schaff: 前行の schaff の繰返えし。 22)　**schon:**「きっと」
22)　**von härterm Stoff:** von は性質をあらわす。　23)
brauchst: brauchen「あるものを必要とする」

—145—

44. Chor der Toten

Wir Toten, wir Toten sind größere Heere
Als ihr auf der Erde, als ihr auf dem Meere!
Wir pflügten das Feld mit geduldigen Taten,
Ihr schwinget die Sicheln und schneidet die Saaten,
5 Und was wir vollendet und was wir begonnen,
Das füllt noch dort oben die rauschenden Bronnen,
Und all unser Lieben und Hassen und Hadern,
Das klopft noch dort oben in sterblichen Adern,
Und was wir an gültigen Sätzen gefunden,
10 Dran bleibt aller irdische Wandel gebunden,
Und unsere Töne, Gebilde, Gedichte
Erkämpfen den Lorbeer im strahlenden Lichte,

[鑑賞]　》Genie《 の章の最後に置かれた詩。 歴史上の天才たち
が為し遂げた偉大な業績は，今日もなお生きていて，それら天
才たちの仕事の意味を知り，彼らから学びうる者だけが，自分
と自分の時代を知り，自らもまた何事かをなすことが出来る。
人間は無限に深い過去の大海に浮ぶ一片のはかない存在にすぎ
ず，過去に養われることによってはじめて真によく生きること
が出来る。要するに，生は死に養われることによって，はじめ
て豊かな生となることが出来るのだ。この詩は，人間としても，
芸術家としても，死と歴史を基盤とするマイヤーの思想を，最
もよく語っている作品であろう。

44. 死者たちの合唱

われら死者は，われら死者は，地上の君らよりも，
海上の君らよりも大勢なのだ。
われらは倦まずたゆまず畑を耕した。
そしていま君らは鎌を振って取り入れだ。
われらが仕上げたものや，われらが始めたものが，
なおもそこの君らのもとで，さらさら流れる泉を満たして
　　いる。
われらの愛，憎しみ，そして争いのすべてが，
そのまゝ君らのはかない血脈の中で高鳴っている。
また，浮世のうつろいは，すべて，
われらが見出した正しい掟に結ばれている。
そして，われらが創った音楽，美術，詩こそが，
晴れやかな光を浴びて月桂冠をかち取るのだ。

[注] 1) **wir Toten:** Toten は形容詞の名詞化。 wir と同格
なので本来 Tote となるのが正しいが，wir が定冠詞類と錯覚さ
れ，弱変化の Toten が慣用されている。　　5) **vollendet...
begonnen:** 過去分詞。haben を文末に補って読む。6) **dort
oben:** 生者の住むこの世を指す。 6) **Bronnen:** Brunnen
「泉」の詩語。7) **all unser Lieben und Hassen und
Hadern:** 動詞の不定詞が名詞として用いられている。　　9)
was wir an gültigen Sätzen gefunden: an は事柄の内容
を示す。 「われわれが正当な原則に関して発見した事柄」　　10)

—147—

Wir suchen noch immer die menschlichen Ziele —
Drum ehret und opfert!　Denn unser sind viele!

---

dran: daran. da は上の was 以下をうける。14)　**ehret und
opfert:**　ihr の場合の命令法。　14)　**unser sind viele:**　Es
sind unser viele の形式上の主語 es が省かれた形。unser は wir

われらはいまもなお，人間が目指すものを求めている——
それ故われらを敬い，われらにいけにえを捧げよ。われら
　は大勢なのだから。

の二格で viele にかゝり，この文の意味上の主語。元来部分的二
格と称されるもの。[例] **Es waren unser nur drei.** 「われわれ
は三人しか居なかった」

45. Die Karyatide

Im Hof des Louvre trägt ein Weib
Die Zinne mit dem Marmorhaupt,
Mit einem allerliebsten Haupt.
Als Meister Goujon sie geformt
5   In feinen Linien, überschlank,
Und stehend auf dem Baugerüst
Die letzte Locke meißelte,
Erschoß den Meister hinterrücks
(Am Tag der Saint-Barthelemy)
10 Ein überzeugter Katholik.
Vorstürzend überflutet' er
Den feinen Busen ganz mit Blut,
Dann sank er rücklings in den Hof.
Die Marmormagd entschlummerte
15 Und schlief dreihundert Jahre lang,

[鑑賞]　この作品は，バルトロメーウスの祭日のフランス新教徒
大虐殺を扱ったマイヤーの短編「護符」(Das Amulett) の第
八章に描かれた場面と密接な関係がある。詩人がこゝで述べて
いることは，宗教や世界観の相違で人間が殺し合うことの無意
味さ，空しさであろう。人間は魂の幸福を，また現世の幸福を
求めては殺し合う。たが人間にとって厳粛きわまりない歴史の
一こまも，客観的な立場から見れば嘲笑以外の何物にも価いし
ない。歴史の厳粛さが，こゝでは客観的な芸術の立場から批判
され，殺し合いの空しさと共に，歴史を越える芸術的天才の根

45. 女 像 柱

ルーヴル美術館の庭に，
大理石のこのうえなく愛らしい頭で
胸壁を支えている一つの女像がある。
名匠グジョンが優雅な線で
ほっそりとした彼女を形づくり，
脚台の上に立って
最後の巻毛にのみを入れていたとき，
ひとりの筋金入りのカトリック教徒が
　　(聖バルトロメーウス祭の日に)
彼をうしろから射った。
彼は前のめりに
女像の美しい胸を血で赤く染めあげ，
それからあおのけざまに庭に落ちた。
大理石の娘はまどろみ
三百年の間眠ったが

源的偉大さが描かれていると言えよう。
[注] **Karyatide:** 柱の代りに用いられて，頭で天井や屋根の
梁を支える女人像。 古代ギリシャ建築ではじめて用いられた。
1) **Louvre:** 発音 [luːvr] かつてのパリの宮殿。1793 年以来
美術館として有名。 4) **Goujon:** 発音 [guʒɔ̃] Jean Goujon
(1510–1570). ルネサンス期のフランスの 彫刻家。 優美 な 姿態
の女人像を多く制作した。その主要作品はルーヴルにある。 9)
am Tag der Saint-Barthelemy: 発音 [sɛ̃bartɛlmi] フラン
スでユグノー (フランス新教徒・カルヴァン派) 戦争 (1562–98)

—151—

Ein Feuerschein erwärmte sie
(Am Tag, da die Kommüne focht),
Sie gähnt' und blickte rings sich um:
Wo bin ich denn? In welcher Stadt?
Sie morden sich. Es ist Paris.

中に，1572 年 8 月 23 日の夜から 24 日（聖バルトロメーウス
の祭日）にかけて起ったユグノー虐殺事件。新教派の勢力の増大
を恐れた摂政カトリーヌ・ド・メディシスが，旧教派の首領ギー
ズ公と結んで，アンリ・ド・ナヴァールと王妹マルグリート・ド
・ヴァロワの結婚式を契機としてユグノーの大虐殺を行った。パ
リ市内で新教派の首領コリニー将軍はじめ約 2000 人，フランス

燃える火の光に暖められて
　（パリ・コミューンが戦った日に）
あくびしてあたりを見廻した——
こゝは一体どこなの。どこの町なの。
殺し合いだわ。パリだわ。

全土で約 2 万人が殺されたと言われる。「パリの血の結婚式」として有名な事件。 17)　**die Kommüne**: die Kommune. パリ・コミューン。 1871 年 3 月 18 日から 5 月 28 日に至る 72 日間パリにおかれた革命政府。ヴェルサイユ軍によって打倒され，コミューン参加者はことごとく惨殺されたという。　 20)　**sich**: 相互代名詞。

目録進呈/落丁本・乱丁本はお取替えいたします。

昭和46年10月20日　©第 1 版発行
平成25年 1 月10日　　第 3 版発行

訳註者	新　妻	篤
発行者	佐　藤　義　人	

発 行 所

株式
会社 **大 学 書 林**

東京都文京区小石川 4 丁目 7 番 4 号
振 替 口 座　00120-8-43740
電 話（03）3812-6281 ～ 3 番
郵便番号 112-0002

マイヤー名詩選

ISBN978-4-475-02067-1　　開成印刷・精光堂

大学書林

ドイツ語訳注書

グリルパルツァ作 中条宗助訳注	ベートホーヴェンの思い出	新書判	80頁
グリム作 岡田幸一訳注	白 雪 姫	新書判	92頁
トーマス・マン作 加藤真二訳注	ドイツとドイツ人	新書判	88頁
万足 卓訳注	ハ イ ネ 名 詩 選	新書判	148頁
ハイゼ作 藤本直秀訳注	ラ ラ ビ ア ー タ	新書判	96頁
カロッサ作 樽田 收訳注	あ る 幼 年 時 代	新書判	112頁
アンデルセン作 小森 潔訳注	マッチ売りの少女	新書判	92頁
アンデルセン作 永野藤大訳註	絵 の な い 絵 本	新書判	128頁
ライヘンバッハ作 藤田孫太郎訳註	物 質 に つ い て	新書判	104頁
トーマ作 永野藤夫訳注	悪 童 物 語	新書判	150頁
ツワイク作 山川丈平訳注	女 家 庭 教 師	新書判	78頁
一ノ瀬恒夫著	ドイツ詩学入門	新書判	176頁
ヘルムホルツ作 三好助三郎訳注	自 然 力 の 交 互 作 用	新書判	152頁
小塚敏夫訳註	シュトルム短篇集	新書判	120頁
ヒルティ作 杉浦孝明訳註	仕 事 を す る 技 術	新書判	114頁
ティーク作 信岡資生訳註	金髪のエクベルト	新書判	104頁
シュトルム作 宮下健三訳注	メーリケの思い出	新書判	112頁

―目録進呈―